中山出版
ZHONGSHAN　PUBLISHING
香山承文脉　好书读百年

课程领导力

小学校长能力提升的实践案例

周锦连　编著

SPM

南方出版传媒

广东人民出版社

·广州·

图书在版编目（CIP）数据

课程领导力：小学校长能力提升的实践案例 / 周锦连编著. — 广州：广东人民出版社, 2019.10

ISBN 978-7-218-13983-8

Ⅰ.①课… Ⅱ.①周… Ⅲ.①小学—课程建设—案例 Ⅳ.①G622.3

中国版本图书馆CIP数据核字(2019)第238198号

KECHENG LINGDAO LI:
XIAOXUE XIAOZHANG NENGLI TISHENG DE SHIJIAN ANLI

课程领导力：
小学校长能力提升的实践案例

周锦连　编著

版权所有　翻印必究

出 版 人：肖风华

责任编辑：李锐锋
特邀编辑：杨欣月
版式设计：陈宝玉
封面设计：蓝美华

统　　筹：广东人民出版社中山出版有限公司
执　　行：王　忠
地　　址：中山市中山五路 1 号中山日报社 8 楼（邮编：528403）
电　　话：（0760）89882926　　（0760）89882925

出版发行：广东人民出版社
地　　址：广东省广州市海珠区新港西路204号2号楼（邮编：510102）
电　　话：（020）85716809（总编室）
传　　真：（020）85716872
网　　址：http://www.gdpph.com
印　　刷：广东信源彩色印务有限公司
开　　本：787mm×1092mm　1/16
印　　张：15.75　　字　　数：185千
版　　次：2019年11月第1版
印　　次：2019年11月第1次印刷
定　　价：49.80元

序一

以课程建设为抓手，提升校长专业水平

　　本书稿是在 2017 年广东省"强师工程"中小学教师教育科研能力提升计划项目重点课题——《提升小学校长课程开发领导力的实践研究——以中山 9 所小学为例》（以下简称《提升小学校长课程开发领导力的实践研究》）的研究成果基础上形成，呈现了课题组成员——中山市名校长周锦连工作室九所小学校长历时两年对提升校长课程领导力的思考、探索与行动、经验和反思。纵观全书，有以下几个特点。

　　第一，直面现代教育深入发展对校长专业发展的要求——提升课程领导力。2012 年 12 月，国家教育部出台《义务教育学校校长专业标准（试行）》，明确提出校长领导课程教学的专业要求。课程领导力是小学校长专业素养的核心能力，它是校长的价值理念、办学思想、学识、情感等素质的综合体现。随着教育改革的深入发展，校长课程领导力的提升迫在眉睫。参与课题研究的校长立足不同学校的实践，把提升课程领导力作为提升校长专业素质的重要课题，引领教师创造性使用课程，带领教师丰富国家课程，建设学生需要的学校课程，处理好三级课程，即国家课程、地方课程、学校课程之间的关系，理论和实践结合，进行了富有意义的探索。

第二，从问题出发对校长课程领导力提升进行了理性思考与探究。课题组在分析国内外研究、实践现状的基础之上，针对当前校长在课程领导中存在的弊端：专制化、随意化、边缘化、经验化、表面化，提出几点思考：

1. 课程领导力是校长的重要专业素质要求，小学校长从课程管理向课程领导转变是一种趋势。

2. 校长课程领导力的六点基本要求：课程思想的领导力、课程规划的领导力、课程开发的领导力、课程实施的领导力、课程管理的领导力、课程评价的领导力。

3. 校长课程领导力的基本要素分析，包括课程思想、课程规划、课程开发、课程评价、课程特色等五个方面。

4. 经过初步探索，提出校长课程领导力的衡量标准，即课程规划领导力、课程开发领导力、课程实施领导力、课程评价领导力、课程文化领导力。

第三，对课程改革促进育人模式变革的途径、策略与方法进行探索，展示生动的实践案例作为参考。参与课程研究的学校根据各自的办学思想、育人理念、办学特色、资源优势，从顶层设计入手，探索构建了不同特点的课程体系，如"崇文尚武"课程体系，"火炬文化"社团活动课程体系，书香课程体系，以"博爱成人、博学成才、博雅成美"为目标的博凯小学课程体系，以"培养兴趣爱好，发展个性特长"为目标的"四小"特色课程体系等。课题组成员借助鲜活的案例、丰富的实证数据，生动展示了各位校长如何根据本校育人目标、办学理念设计、规划、建设与开发课程，实现开发的课程一校一个样，推动学校精神文化建设和办学特色形成，给读者提供了有价值的参考。

第四，研究与写作的群体构成富有特色。本书作者是中山市名校长周锦连工作室的成员，他们是来自中山市四个镇区、九所学校的一线教育实践者。他们立足本地区、本学校实践，具有丰富的教学经验、管理经验，在课题研究中通过专家指导，集体学习研讨，同时借鉴了国内外关于课程领导力的理论论述和经验，把理论与实践结合，拓宽了视野，促进了认识的飞跃。值得一提的是，课题负责人周锦连校长是一位富有教育情怀的校长，她在教育岗位工作33年，从教师、副校长、校长一路走来，努力学习、善于思考，成为中山市首批学科带头人、优秀教育工作者、名校长，公开发表、获奖的论文逾20篇。课题组成员的理论研究与实践探索，相信会给一线校长课程领导力的提升提供有价值的启示。

《课程领导力》一书的出版，使我看到了校长们的探索精神，它为进一步深化研究奠定了良好基础，也为广大一线教育工作者提供了参考。当前深化教育改革的主题是促进教育向内涵发展、高质量发展，深化课程改革、提升校长课程领导力的研究之路任重道远。我们需要坚守初心，砥砺前行，在实践中不断探索。希望名校长周锦连工作室团队对此课题继续深入研究不停步，争取获得更丰硕的成果。

伍柳亭

2019 年 3 月 21 日

（序言作者系中国教育学会学术委员、广东教育学会学术委员、广东省中小学德育研究与指导中心专家）

一线校长群体的课题研究

办好一所学校的核心就是培养好学生，而培养学生的关键就是课程。课程开发与建设是学校各项工作的核心与连接点。校长的课程领导力研究符合近年来教育改革的需要，校长的科研能力、课题研究水平直接影响一所学校的发展、学校课程发展和学校领导者的专业发展。本课题关注校长课程领导力的提升，既有理论的前瞻性，又有实践价值。

课题组成员都是一线的教育实践者和思考者，他们共同参与研讨，对于帮助小学校长厘清日常教学的工作重心、明确职责具有重要意义。课题主持人周锦连校长有主持省、市级课题的经历，其科研成果多次获奖。她在从事教育行业的33年中，任一线教师10年、副校长4年、校长19年，获得"中山市首批学科带头人""广东省中小学德育科研课题研究先进个人""广东省'朝阳读书'活动先进个人"等多项荣誉称号。同时，她也是中山市名校长、广东省"百千万第三批名校长"培养对象。

本课题以中山市名校长周锦连工作室为载体进行研究。根据《中山市名教师名校长工作室建设及管理办法（试行）》（中教[2009]142号）（以下简称"《管理办法》"）相关规定，中山市名校长需承担有关学校管理或校长培养的课题研究，并指导成员开展课题研究；在一定周期内，主持并完成至少一项市级以上课题研究；周期结束时，主持人需要完成一份工作室总结性报告，公开发表两篇以上研究论文；工作室主持人需与成员签订"相互合作、共同提高"的协议书，在完成工作室项目研究和成员专业化成长方面制订周期发展目标，规定双方职责、权利及评价办法，通过中山市教育和体育局名校长工作管理办公室的年检考核及周期检查考核。

中山市教育和体育局、课题组成员所在的镇区文体教育局及学校十分支持本课题研究，为课题研究提供了充足的时间和经费，以保证课题顺利开展。中山市教师进修学院也派出专家组跟进指导课题。经过三年多的研究及跟进，课题前期经过多次研讨，论证充分、开展扎实，同时，在开题、中期报告、结题等过程中认真学习理论，活动充实。特别可喜的是，课题组在校长课程开发领导力的概念界定、要素分析、评估标准等方面已取得一定突破，为后续实践研究打下了基础。希望该课题组的校长们咬定青山不放松，再接再厉，不断提高专业水平。

高 科

2019年2月18日

（序言作者系中山市教师进修学院院长）

2018 年 9 月 10 日，全国教育大会在北京召开，习近平总书记在会上的讲话精神成为了新时代中国特色社会主义教育的行动指南。培养什么人，为谁培养人，怎样培养人是教育的根本问题。校长作为学校的领头羊，其办学思想及行动代表学校的办学方向与核心。而课程建设则是学校发展的核心，是学校办学理念的载体及落脚点。

2013 年 2 月 4 日，教育部印发《义务教育学校校长专业标准》，提出规划学校发展、营造育人文化、领导课程教学、引领教师成长、优化内部管理、调适外部环境等六大专业职责。在这六大职责中，五个都与课程领导力这一概念密不可分。其中，学校课程规划是规划学校发展的要素；营造育人文化需要课程的支撑；领导课程教学时，校长是领头羊；课程建设、课程开发是引领教师成长最好的载体；优化内部管理时，最重要的一环就是课程管理。

校长是学校行政管理的第一责任人，校长的教育理念与行为直接决定课程在学校中的实施状况。随着课程改革的深入发展，如何提升校长课程领导力这一问题，得到前所未有的关注。发展教育、办人民满意的教育、推进义务教育均衡发展，都离不开课程建设。课程是落脚点，只有发展不同的课程，才能改变千校一面的现象，办学才有抓手，才能满足学生的个性化发展。

2017年，"学研共同体"名校长工作室的课题——《提升小学校长课程开发领导力的实践研究》成功申报广东省2017年"强师工程"中小学教师教育科研能力提升计划项目重点课题，课题编号为2017ZQJK022。为了更好地整理资料、提炼成果，课题组决定编印成集。我们有幸得到了广东人民出版社的支持，经过与出版社的领导及编辑同志一起研究，拟定书名为《课程领导力：小学校长能力提升的实践案例》。因为课题是基于中山市九所小学的校长课程领导力的实践研究，我们真诚希望能呈现出校长工作室成员对提升课程开发领导力的思考、行动的过程，以及中山市九所小学校长的实践结果与经验反思。书中囊括了鲜活的一线案例、丰富的基层经验和众多实证数据，记录了探索课程开发领导力这一课题的行动路径，希望能为中山市，乃至全国小学校长课程领导力的提升提供有价值的经验。

本书共有六章。第一章介绍研究背景与理论基础，阐述了课题研究背景、校长课程开发领导力的内涵及外延、国内外课程领导力研究现状述评。第二章介绍中山市小学校长课程开发领导力的现状，诊断存在的问题，为提升该群体的课程开发领导力提供依据。第三章总结了中山市校长课程领导力的衡量标准，主要从课程规划领导力、课程开发领导力、课程实施领导力、课程评价领导力和课程文化领导力等五个方面展开。第四章介绍中山市小学校长课程开发领导力的实践案例。第五章提出小学校长课程开发领导力提升的建议和策略。第六章呈现了课题组三年多来的研究历程。

课题参与者是来自中山市4个镇区不同学校的9名校长，这批校长都有丰富的教学经验及管理经验。

谢志斌，2012年8月起，任中山火炬高技术产业开发区第四小学（以下简称"开发区第四小学"）校长。他主持的科研课题《个案学习与教师教学实践智慧生成研究》《网络积分激励制度强化小学生学习动机研究》分别荣获中山市教育科研成果二等奖、广东省中小学教育创新成果二等奖。

黄炎有，2013年8月起，任东凤镇同安小学副校长。他被评为中山市优秀教师、中山市优秀教育工作者。他主持的语文精品课程获得中山市提名奖。工作之余，黄校长积极撰写学术论文，并有30多篇论文获得市、镇以上奖励，其中《注重培养艺术兴趣，丰富学生情感生活》《激趣导行全面提高语文课堂实效》荣获中山市二等奖。

邱波，2015年8月起，任古镇镇曹二小学校长。他被评为中山市优秀教师、中山市先进生产者、广东省南粤优秀教师。邱校长始终坚持自学教育教学理论，坚持"买书—读书—写作"的行动研究之路，坚持撰写教育随笔，目前他积累了300多万字的教育教学随想，在报刊上也发表了不少文章。

陈敏华，2009年8月起，任南朗镇南朗小学副校长。她被评为中山市综合实践活动骨干教师、中山市优秀教师。她主持的中山市规划课题《充分利用家乡资源，拓宽综合实践活动天地》荣获广东省中小学教育创新成果三等奖、中山市第七届教育科研成果三等奖，主导的学校课程"爱我南朗"荣获中山市精品学校课程一等奖。

吴伟刚，2013年9月起，任中山市南头镇将军小学（以下简称"将军小学"）副校长。他被评为中山市先进工作者。他发表的学术论文中，有多篇获得市级以上奖励。

严玲珍，现任南头镇民安小学校长。她被评为广东省南粤优秀教师、中山市优秀教师。她主持的全国教育信息技术研究"十二五"规划专项课题荣获中山市语文精品课程入围奖、提名奖，她的论文《小学信息技术与美术课程资源整合》荣获中山市信息教学论文一等奖。

李培新，2010年8月起，任古镇镇曹一小学副校长。他被评为古镇镇先进教师。

孙宁，现任中山火炬高技术产业开发区中心小学（以下简称"开发区中心小学"）副校长。他多次被评为火炬高技术产业开发区（以下简称"火炬开发区"）优秀教研员、优秀教师。他曾获得火炬开发区小学信息技术教师综合素质大赛特等奖、中山市信息技术教师教学竞赛二等奖。他撰写的论文获得过国家级一、二等奖，中山市一等奖。

陈莉，现任南朗镇翠亨小学校长。她是小学英语一级教师，被评为"中山市教坛新秀""中山市优秀教师"（陈莉校长及其学校于2018年3月加入课题研究。陈莉校长及其学校的后期加入，使我们的研究学校由八所增加到九所，增强了研究的力量）。

中山市教师进修学院为我们配备了课题秘书：付丽老师。同时，名校长工作室设立了工作室助理的岗位，由中山火炬开发区第一小学（以下简称"开发区第一小学"）的杨艳主任、中山火炬高技术产业开发区博凯小学（以下简称"博凯小学"）的刘爱红主任担任。为了加强课题研究的理论指导，我们聘请了两位专家顾问，分别是北京师范大学珠海分校教育学院教授、硕士生导师、北京师范大学珠海分校国际教育研究中心主任王维荣，北京师范大学珠海分校教育学院副教授武晓伟。她们的帮助、指导大大提振了我们的信心和动力。

感谢帮助、指导课题研究的领导、导师，以及各位志同道合的校长，正因为你们的支持和付出，我们才能顺利完成课题研究任务，提升专业水平，一路成长，收获友情。

周锦连

2019 年 1 月 21 日

（前言作者系中山市名校长、课题主持人）

目录

第一章

▼　▼　▼　▼　▼

提升课程领导力的
时代价值

校长课程领导力的研究价值

自《基础教育课程改革纲要（试行）》于 2001 年颁布以来，基础教育课程的改革效果不甚理想。国家、地方、学校三级课程管理体制并未充分发挥其应有的自主性、适应性、创新性作用，究其原因，主要在于课程管理权力被下放，校长的课程领导权力得以扩大，却没有达到相应的课程领导力水平。在课程改革的过程中，校长被赋予更多的权利与义务，校长不仅承担着国家课程、地方课程有效实施的责任，还承担着提升课程品质、研发学校课程的重责。在此种新形势下，更新课程理念、转变角色意识、提升自身的课程领导力成为了基层校长的必修课。

2014 年教育部颁发的《义务教育学校管理标准（试行）》中指出：要提升教育教学质量，落实国家义务教育课程方案和课程标准；根据学生发展需要和学校、社区的资源条件，组织开发学校课程；引导教师创新课程实施方式。国家课程的再开发，地方课程的校本化，学校课程的特色化研发是新一轮课程改革的重要路径。提升课程开发领导力既是我国大众创业、万众创新在教育领域的具体体现，也是适应"互联网＋"时代的改革趋势，更是校长从"行政"权威向"专业"权威转变的必经之路。

广东省一直走在时代的前沿，课程建设也紧跟时代的步伐。中山市根据地方特色，在精品课程建设、微课建设开发、学校课程建设、区域课程开发方面进行了持之以恒的实践探索，取得了丰硕的成果。作为课程建设引领者，很多校长积极学习新课改理念，引领老师根据学校特色开发丰富的学校课程。但我们也发现，校长队伍在课程领导力方面存在一定的差异。

在中山市教育和体育局大力推进均衡化教育的背景下，本研究以"中山市名校长工作室"为依托，希望由名校长引领一批校长的成长，通过提升校长课程开发领导力来突破阻碍小学校长专业化发展的瓶颈。本研究选取"课程开发领导力"这一操作性、实践性较强的方向进行探索，希望能在一定程度上促进校长课程领导力的整体提升，为中山市、广东省、乃至全国的基础教育课程改革起到助推作用。

一、校长课程领导力的现状

著名教育家陶行知先生说过，校长是学校的灵魂。校长对学校的灵魂作用，取决于他的领导力。校长的领导力直接关系学校的生存与发展、成功与失败。校长的课程领导力，特别是课程开发领导力直接影响学校的教学质量。现实生活中，校长在课程领导时存在一定的误区和偏差，主要表现为：一、专制化，课程指导过于强硬，缺乏民主的课程管理思想；二、随意化，校长根据个人喜好建设引领课程；三、边缘化，繁忙的校务工作占用了校长的大量时间，这种现实困境使他们无暇顾及课程改革及领导；四、经验化，脱离课改的需求，难以适应新形势、新环境下学生学习的特点；五、表面化，校长课程领导面面俱到，偏失教学中心和重点，忽略教师教学创造性和个性化，造成课程落实不到位、学校课程难以形成特色的问题。上述五种弊端及认识偏差主要归因于校长的课程领导意识单薄，监督意识过强，还未实现由"课程管理者"向"课程领导者"的角色转化。本研究以中山市九所小学为案例，深入调查小学校长课程开发领导力的现状，分析其现实问题，以提出针对性的改进策略。

小学校长应当具备适应课改需要的领导力，课程领导力是小学校长专业素养的核心能力。在课程领导力的六点基本要求中，提升课程开发领导力是提高课程领导力的当务之急。校长需要引领教师创造性地使用课程，带领教师丰富国家课程，建设学生需要的学校课程。同时，处理好国家课程标准与教师个性化课程的关系，处理好国家课程标准与学生需求、地方发展需求的关系，处理好建设校本化课程与轻负荷、高质量发展的关系。

为适应我国当前基础教育课程改革的需要，校长不应仅仅是学校的行政管理者，更应是关注课程设计、课程开发、课程实施与评价，对整体课程与教学产生影响的教育领导者。课程是学校的核心竞争力，开发课程就是开发学校的品牌，开发学校的未来。一所学校与另一所学校之间的区别，并非升学率的差异，而应是课程的差距，是因不同的校本特色培养出综合素养不同的学生的差异。课程的差距集中反映在校长的课程领导力上。提升校长课程开发领导力，对于特色学校课程的研发具有重要意义。

二、校长课程领导力的学术价值

校长课程领导也是"校长"这一职业专业化的需要，是校长专业素养中的核心素养。一门职业的专业化体现在其专业自主权的不断提升。课程教学工作是学校的中心工作，课程是育人的重要载体和媒介，是学校工作的主旋律，所以校长的领导专业化应更多地体现在课程和教学的领导上。课程领导能力是校长专业发展的重要向度，研究"提升小学校长课程领导力"相关课题，对课程开发领导力展开针对性探索，对于校长职业的专业化发展具有一定的价值和意义，有助于促使校长的课程领导不断走向学术化、专业化。

校长课程开发领导力的内涵及外延

一、校长课程开发领导力的内涵

课程，是学校为促进学生与教师的发展所进行的教学设计、教学规划、教学实施、教学评价等一系列与学校教育有关的活动总和。领导力是一种能激发团队成员热情与理想的能力，是一种统率团队成员全力以赴实现目标的能力，它包括学习力、组织力、教导力、感召力。校长课程领导力包含六方面：课程思想的领导力、课程规划的领导力、课程开发的领导力、课程实施的领导力、课程管理的领导力、课程评价的领导力。

校长课程开发领导力指的是校长要有正确、先进的办学思想，以思想指挥行动。首先做好课程规划，规划是开发的设计师，做好课程开发要从学校的办学实际出发。校长课程开发领导力的核心是引领的能力，即带领教师开发整合国家课程、地方课程和学校课程中的教育教学资源，丰富课程建设的内容，拓宽课程建设的视角，使课程开发成为教师和学生共同成长的推动力。在课程开发领导力方面，校长重在思考、规划、引领、管理、评价，老师重在实施。

二、校长课程开发领导力的外延

校长课程领导力的思想力、规划力、引领力、管理力、评价力等要素密不可分、环环相扣，相互关联、影响和依存，从任何一个要点切入研究，均需要推进六要素共同发展，脱离其中任何 一个要点都不可执行；从任何一个要点切入研究，最终都能达成提高校长课程开发领导力的目标。

课程领导力成为校长的重要专业要求，当前小学校长从课程管理者向课程领导者转变是一种趋势，校长应该从课程思想、课程规划、课程开发、课程评价、课程特色等五方面加强课程领导力。校长的办学理念和育人目标能否在学校生根落地，靠的是课程的落实。一个只是执行管理课程任务的校长适应不了课程改革的需要，办不出有特色的学校。在实现从课程管理向课程领导转变的过程中，课程思想是前提条件，课程规划是基础，课程评价是重要组成部分，课程文化是核心。

国内外课程开发领导力研究现状述评

一、国内校长课程开发领导力的研究现状

北京、上海、香港等城市在课程改革上的经验丰富。北京市朝阳区教育委员会、教研中心、北京师范大学"课程建设与课程资源研发"项目组围绕"中小学校长课程领导力"进行了探讨研究；北京市十一学校校长李希贵在"全员育人、自主管理"的理念指引下，对学校课程进行了大刀阔斧的创新与改革；2011年，北京市西城区"提升中小学校长课程领导力实践研究"课题组围绕"探讨提升校长课程领导力的有效策略"这一课题进行了深度探索；在上海市长宁区教育局的支持与指导下，复旦中学开展了"文化主题轴综合课程"建设。香港地区将校长的课程领导力作为行政能力的明确要求，并做出了相应规定。香港教育局在2008年颁发的《学校行政手册》中提出，校长作为校内教育变革负责者，应肩负的职责有十三项，其中一项是制订课程、教学和评估策略，培育教职员在课程和教学方面的领导力，为教师创造空间，给予教师足够时间以发展课程，管理资源。

二、国外校长、专家课程开发领导力的研究现状

（一）国外先进的理论研究

在国外，课程领导这一概念最早出现在哥伦比亚大学哈里·A·帕索（Harry A.Passow）教授于 1952 年完成的博士论文《以小组为中心的课程领导》中。在半个多世纪的发展历程中，西方学者在课程领导方面取得了丰硕的研究成果。

托马斯·J·萨乔万尼（Thomas J.Sergiovanni）提出了构建领导力的有效方式，对于学校课程的完善与校长领导的相关性进行了研究，并提出技术领导、教育领导、人际领导、文化领导、象征领导等五个评价维度。布鲁贝克（Brubaker）提出，校长需要与被领导者之间保持创造性的关系，拥有这种能力的领导者会竭尽所能地支持他人提升能力，使他人能够主动完成既定目标。墨菲（Murphy）认为，课程领导者应做到以下几方面：对于课程实施的具体环节加以指导；关注学生对学校课程体系的适应程度；及时调整课程设置的难易程度；注重不同学科课程之间的交互关系；确保学生的作业和所学课程的难度相匹配。

（二）国外实践探索的经验

国外对于校长课程领导力的实践探索相对较为成熟，英国、美国、日本等国家在教育立法和教育行政管理中均对校长的课程领导力提出了规定和要求。

芬兰学校的校长需要负责总体课程设计工作，校长要用自身的先进课程理念引领教师，参与教师的课程改革，同时通过行政和财力给教师的课程建设以必要支持和管理。

日本为了开发基础教育，增设了"综合学习时间"板块，这与国内学校设置的"综合实践活动课程""学校课程"存在异曲同工之处。

总之，教育工作者越来越认识到课程改革之于学校的重要意义，以及校长在课程建设中不可替代的领导作用。美国、英国、芬兰、日本等国家对提高校长课程领导力进行了有效实践。纵观国内，上海、北京等城市在提高校长课程领导力方面进行了深入研究，取得了丰富的经验成果。但目前整合研究多，针对研究少；理论研究多，实践研究少；专家研究多，一线校长研究少；提升小学校长引领教师课程开发领导力的实践研究尤其欠缺。今后我们需要在实践中边学习边研究，在研究中努力提升和发展。

第二章

▼　▼　▼　▼　▼

中山市小学校长课程
开发领导力的调查报告

中山市小学校长课程开发领导力的调查情况

◎ 王维荣　周锦连　李培新　孙宁

一、研究目的与研究问题

本研究旨在了解中山市小学校长课程开发领导力的现状，诊断存在的问题，并为提升该群体的课程开发领导力提供依据。具体研究问题如下：

（一）中山市小学校长课程领导力总体水平如何？在哪些方面表现较好，哪些方面比较薄弱？

（二）不同类型的校长在课程开发领导力方面有无差异？在哪些方面存在差异？

（三）他们的办学理念如何？各学校的课程开发实践是否反映了本校的办学理念？

（四）他们在课程开发方面做了哪些工作？取得了哪些成果？还存在哪些问题？

（五）在提升校长课程领导力方面，他们需要得到哪些帮助？

二、研究方法

本研究采用定量研究和定性研究相结合的方法，通过问卷调查和访谈法两种方式收集资料。

（一）调查对象及其分布

问卷调查以中山市小学校长为调查对象（含校长、副校长），共发放问卷 110 份，回收问卷 108 份，其中有效问卷 105 份，有效回收率约为 95%。

如图 1.1，从性别上看，男校长占调查人数的 53.3%，女校长占调查人数的 42.9%，4 名校长未提供性别信息。

如图 1.2，从年龄上看，41—50 岁的校长最多，占调查人数的 65.7%；31—40 岁的校长占 21%，30 岁以下和 51 岁以上的校长分别占 3.8% 和 8.6%。

如图 1.3，从学历上看，本科学历的校长高达 87.6%，硕士以上的校长不足 10%，大专学历的校长约占 3%。

如图 1.4，从任职年限上看，调查对象中任校级领导年限 5 年以下者占比约 33.3%，任职年限 6—10 年者占 26.7%，任职年限 11 年以上者约占 37%。

如图 1.5，从学科背景上看，调查对象主要集中于语文数学两科，其中语文学科高达 46.7%，数学 26.7%，英语和小五门科各占约 10%。

如图 1.6，从学校性质上看，接近 90% 的调查对象来自公办小学，10% 来自民办小学。

如图 1.7，从均衡教育实施前的学校类型上看，来自普通小学的校长占 34.3%，来自中山市一级小学、广东省一级小学的调查对象分别占调查总人数的 33.3% 和 24%，有 8 位校长未提供相关信息。

如图 1.8，从校长的职称上看，具有一级职称的校长占大多数，约占 77%，17% 的校长具有副教授职称，二级职称及以下的校长约占总人数的 2%。

如图 1.9，从校长的职级上看，调查对象中初级校长居多，占比约 46.7%，中级校长占比 17%，高级校长占比 7.6%。

图1　参与调查的校长的基本信息分布情况

1.1　性别

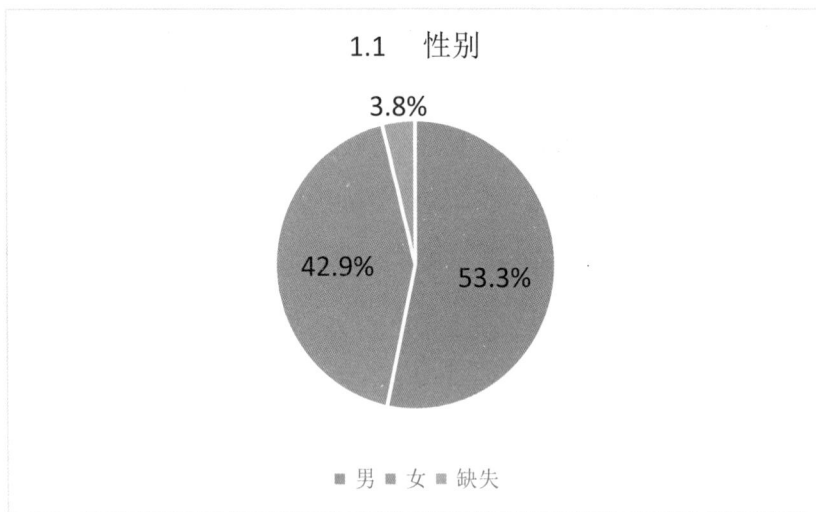

1.2　年龄

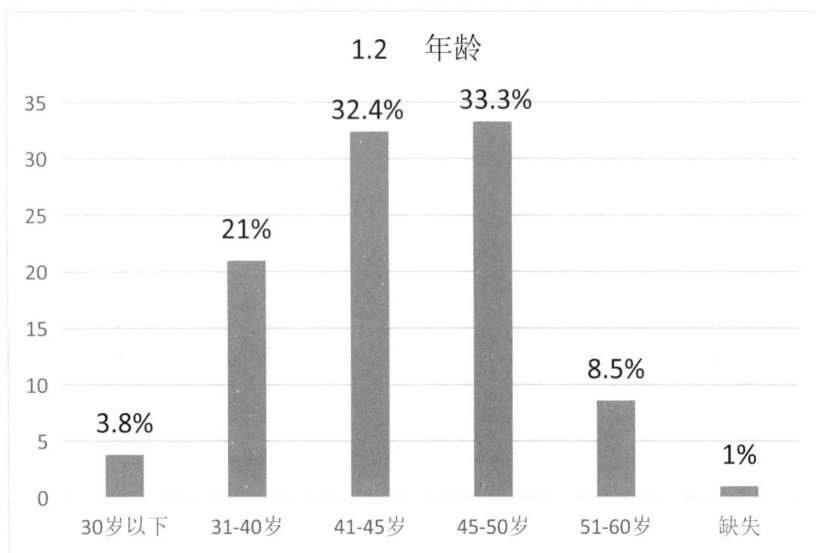

1.3   学历

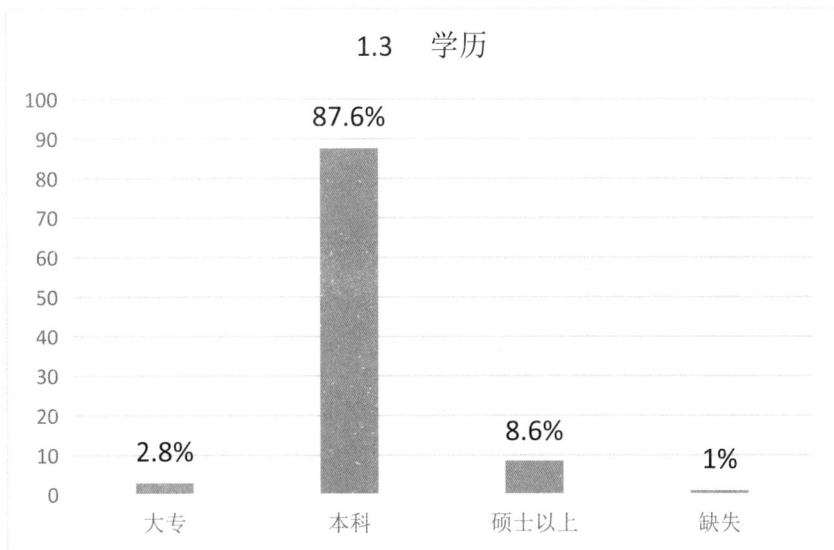

1.4   任校级领导年限

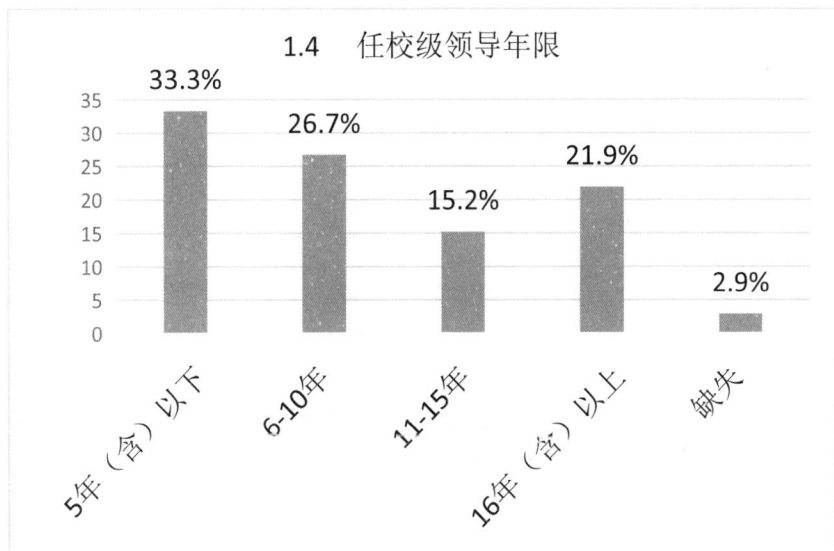

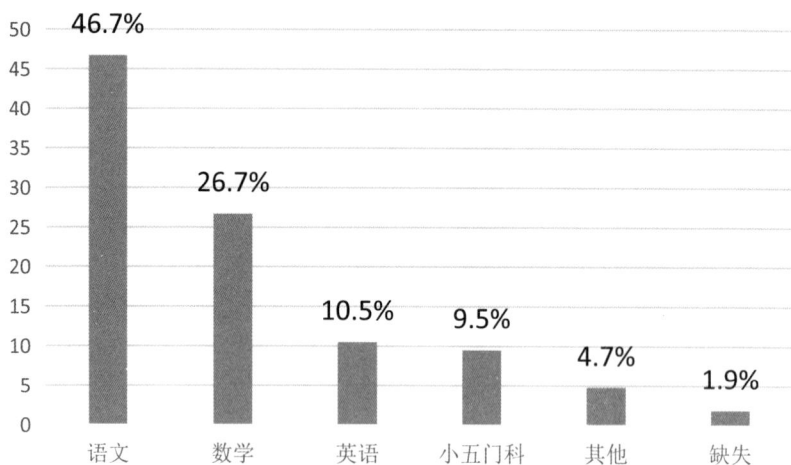

1.5　学科背景

语文	数学	英语	小五门科	其他	缺失
46.7%	26.7%	10.5%	9.5%	4.7%	1.9%

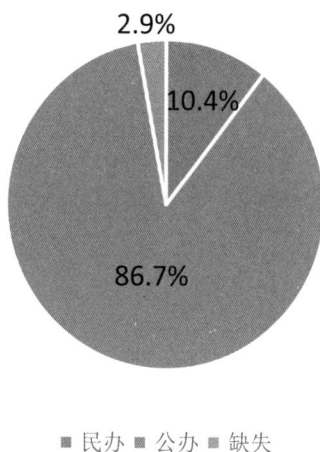

1.6　学校性质

2.9%
10.4%
86.7%

■ 民办　■ 公办　■ 缺失

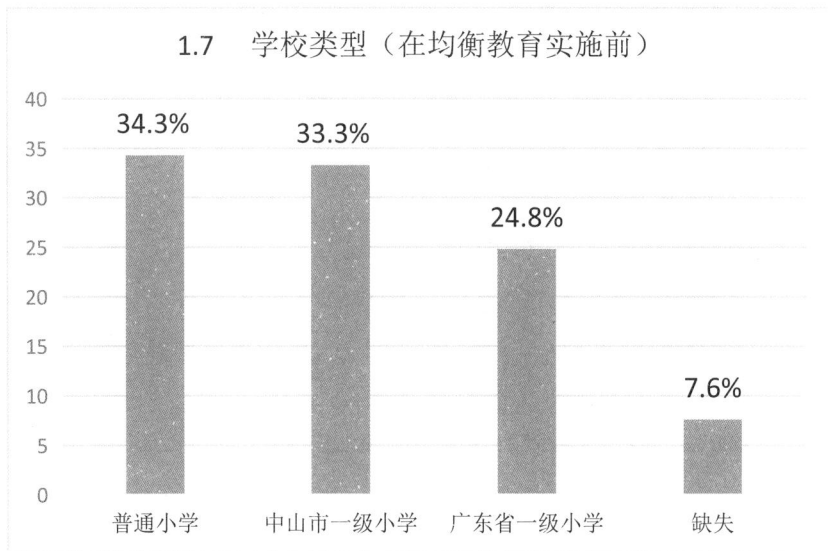

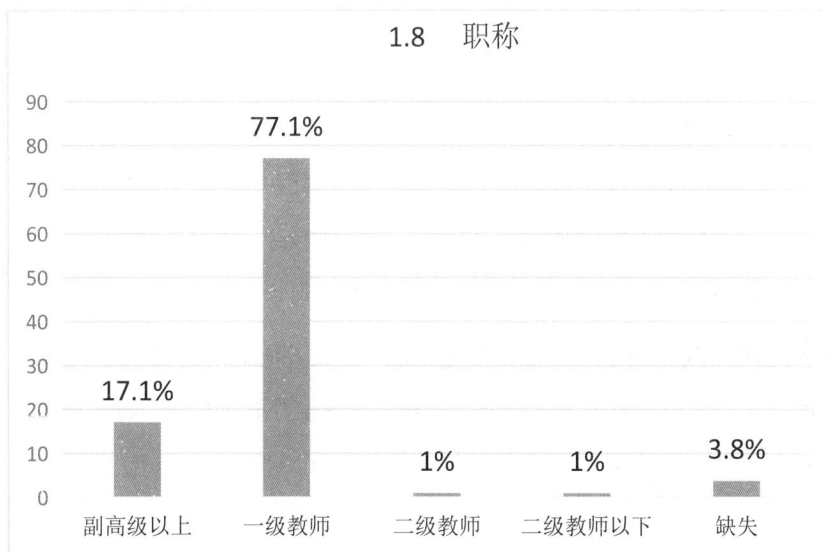

1.9　职级

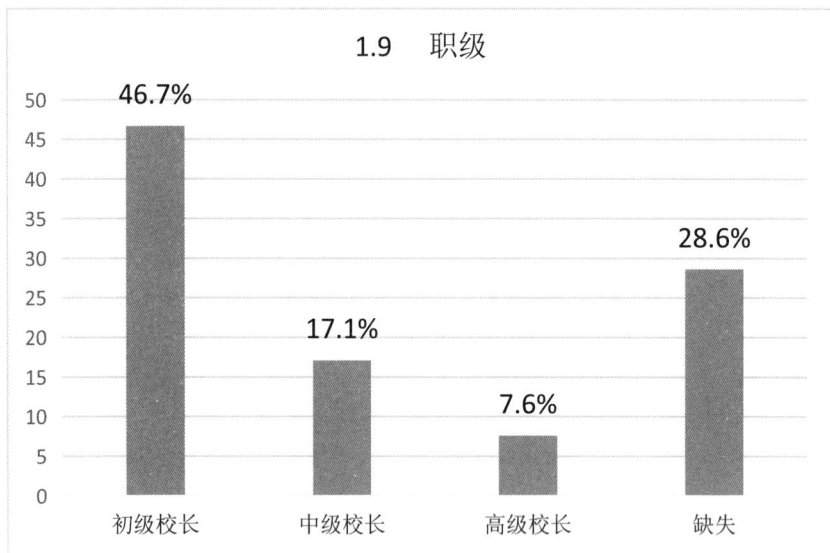

（二）研究工具

1. 调查问卷的编制

本研究采用自编问卷。《校长课程开发领导力调查问卷》基于已有文献对校长课程开发领导力内涵及结构的界定，结合对 3 位校长的个别访谈和 8 位校长的小组访谈，形成了 54 项初拟指标。团队核心成员围绕各项初拟指标在实际工作中的表现形式反复对话，并将指标具体化，进行互审。

问卷分为两个部分：结构式问题和开放式问题。结构性问卷中包括 9 条关于调查对象的人口统计学基本信息，问卷的基本内容包括课程规划、课程开发、课程实施、课程评价、课程文化建设等五个维度，每个维度包含 9 个题目，共计 45 个题目。问卷采取校长自评的方式，采用 0—4 的五点计分量表。

问卷的开放式问题如下：

（1）您持有什么样的办学理念，围绕办学理念在课程开发方面做了哪些工作？

（2）贵校开发了哪些课程，在课程实施中发现了哪些问题，为教师提供了什么帮助？

（3）贵校开发的课程对学校特色、品牌有何深远影响？

（4）关于校长课程开发领导力的提升，您希望得到哪些方面的帮助？

2.问卷的信度和效度

问卷 45 个题目的内在一致性信度检验结果表明,问卷具有理想的信度：Cronbach's Alpha 系数为 0.95。

分析显示，问卷的五个维度和总分之间的相关性极其显著（p<.001），问卷的各维度与总分之间的相关性均在 .86—.89 之间。各维度与总分的相关大于各维度之间的相关，表明问卷具有良好的结构效度。（见表 1）

表1　问卷各维度与总分相关

		总平均分	课程规划	课程开发	课程实施	课程评价	课程文化
总平均分	Pearson 相关性	1	.862**	.884**	.887**	.873**	.861**
	显著性（双侧）		.000	.000	.000	.000	.000
	N		101	98	98	97	98
课程规划平均分	Pearson 相关性		1	.738**	.721**	.687**	.625**
	显著性（双侧）			.000	.000	.000	.000
	N			95	94	95	95
课程开发平均分	Pearson 相关性			1	.779**	.654**	.688**
	显著性（双侧）				.000	.000	.000
	N				93	94	93

（续上表）

		总平均分	课程规划	课程开发	课程实施	课程评价	课程文化
课程实施平均分	Pearson 相关性				1	.721**	.679**
	显著性（双侧）					.000	.000
	N					92	94
课程评价平均分	Pearson 相关性					1	.752**
	显著性（双侧）						.000
	N						92
课程文化平均分	Pearson 相关性						1
	显著性（双侧）						
	N						

（三）数据收集

问卷采用集中发放和个别发放相结合的方式。研究团队成员于 2017 年 5 月至 8 月，在校长专业发展培训会上集中发放部分问卷，并当场回收；其余问卷为个别发放，个别回收。

中山市小学校长课程开发领导力的调查分析

◎ 王维荣　周锦连　李培新　孙宁

一、关于结构式问卷的量化结果

（一）中山市小学校长课程开发领导力的总体水平

数据分析显示，中山市小学校长课程开发领导力自评总体水平较高，自评平均分为 3.24。在五个维度上由强到弱的表现依次为课程实施能力、课程规划能力、课程文化建设能力、课程评价能力、课程开发能力。（见表 2）

表2　校长课程开发领导力总分及各维度均值

	N	均值（M）	最大值±最小值	排序
总平均分	105	3.1986	4±1.98	
1.课程规划平均分	101	3.2486	4±2.00	2
2.课程开发平均分	98	3.0998	4±1.89	5
3.课程实施平均分	98	3.2800	4±1.78	1
4.课程评价平均分	97	3.1627	4±1.89	4
5.课程文化平均分	98	3.1995	4±1.56	3
有效的N（列表状态）	85			

课程规划上，中山市小学校长在"规划以发展学生核心素养为核心工作"和"有明确的办学理念和育人目标"两个方面表现最佳；在"组织中层、教学骨干学习国家三级课程理论""集体研究符合本校的课程计划""将课程规划落实在每个学期"三个方面表现最差。

课程开发上，中山市小学校长在"能确保国家课程开齐、开足、规范办学，保证小五门科的数量和质量"和"有相当的少先队课程、第二课堂、校外综合实践课程"两个方面做得最好；在"信息技术在课程建设的运用"方面做得最差。

课程实施上，中山市小学校长在"重视教师队伍建设""通过教研活动、校本教研促进课程改革的实施"两个方面做得较好；在"选好实验班、实验教师""采用多样化的课程实施方式"两个方面做得最差。

课程评价上，亮点不够突出，在"专家参与学科课程评价方案的制订"方面做得较差。

课程文化建设上，中山市小学校长在"课程特色面向全体学生"方面做得较好；在"产出市级以上科研成果""推广学校和校长的课程经验""采取多种措施鼓励教师形成科研成果、发表论文,'三名成果'建设"等方面做得不足。

(二)不同类别的校长课程开发领导力的比较

1. 不同性别校长课程开发领导力的比较

虽然男校长在课程领导力的总分及五个维度上的自评得分都略高于女校长,但是独立样本 T 检验显示,性别差异并不显著。

表3 不同类别的校长的课程开发领导力的比较

3.1 不同性别比较

	性别	N	均值	标准差
总平均分	男	56	3.2533	.41687
	女	45	3.1211	.43188
课程规划平均分	男	54	3.3004	.46625
	女	43	3.1525	.44314
课程开发平均分	男	52	3.1538	.50949
	女	43	3.0284	.49459
课程实施平均分	男	51	3.3224	.49053
	女	43	3.2300	.48759
课程评价平均分	男	51	3.2397	.47939
	女	42	3.0661	.45915
课程文化平均分	男	51	3.2527	.49395
	女	43	3.1240	.59104

2. 不同年龄段校长课程开发领导力的比较

除 30 岁以下外(n = 3),其他组别的评分随年龄的增高而增高,但不同年龄段的校长在课程开发领导力上差异不显著。

3.2　不同年龄比较

年龄	30岁以下		31—40岁		41—45岁		45—50岁		51—60岁		总计		F	显著性
	N	均值	N	均值	N	均值	N	均值	N	均值	N	均值		
总平均分	4	3.6611	22	2.9336	34	3.1773	35	3.2438	9	3.4765	104	3.1926	5.220	.001
1.课程规划平均分	4	3.6944	22	2.9545	42	3.2188	33	3.3232	9	3.5185	100	3.2411	4.992	.001
2.课程开发平均分	4	3.6389	21	2.7831	29	3.1379	34	3.1275	9	3.3333	97	3.0962	4.376	.003
3.课程实施平均分	3	3.5556	20	2.9000	31	3.3082	34	3.3627	9	3.5802	97	3.2761	5.261	.001
4.课程评价平均分	3	3.3333	21	3.0106	31	3.1254	32	3.1840	9	3.4198	96	3.1539	1.401	.240
5.课程文化平均分	3	3.7407	21	2.9788	31	3.1756	33	3.1987	9	3.5309	97	3.1913	2.729	.034

3. 不同学历校长课程开发领导力的比较

不同学历的校长在课程领导力的总体得分上没有显著差异，在五个维度上均无显著差异。专科学历的校长自评分数高于本科和硕士学历的校长。但该组调查人数过少（n＝3）。

3.3　不同学历比较

学历		总平均分	课程规划平均分	课程开发平均分	课程实施平均分	课程评价平均分	课程文化平均分
大专	均值	3.4000	3.5185	3.2222	3.5556	3.4444	3.4074
	N	3	3	2	3	2	3
本科	均值	3.1860	3.2197	3.0894	3.2732	3.1486	3.1935
	N	92	88	87	85	86	85
硕士以上	均值	3.1909	3.3580	3.1389	3.2099	3.1389	3.0988
	N	9	9	8	9	8	9
总计	均值	3.1926	3.2411	3.0962	3.2761	3.1539	3.1913
	N	104	100	97	97	96	97

4.不同任期校长课程开发领导力的比较

任期 5 年以下与任期 16 年以上的校长在课程开发领导力总体得分、课程开发维度、课程实施维度上差异显著（p<0.05），任期 16 年以上的资深校长的课程领导力的得分高于任期 5 年内的校长。其他任期校长的课程开发领导力之间无显著差异。

3.4　不同任职年限比较

任校级领导年限		总平均分	课程规划平均分	课程开发平均分	课程实施平均分	课程评价平均分	课程文化平均分
5年（含）以下	均值	3.0602	3.1275	2.9444	3.1176	3.0229	3.0784
	N	35	34	32	34	34	34
6—10年	均值	3.1526	3.1667	3.0756	3.2824	3.0933	3.2089
	N	28	28	25	24	25	25
11—15年	均值	3.3259	3.4048	3.2222	3.4236	3.3194	3.3037
	N	16	14	16	16	16	15
16年（含）以上	均值	3.3051	3.3535	3.2020	3.3939	3.3056	3.2677
	N	23	22	22	22	20	22

（续上表）

任校级领导年限		总平均分	课程规划平均分	课程开发平均分	课程实施平均分	课程评价平均分	课程文化平均分
总计	均值	3.1825	3.2290	3.0854	3.2731	3.1509	3.1910
	N	102	98	95	96	95	96

5. 不同职称、不同职级校长课程开发领导力的比较

不同职称、不同职级校长的课程开发领导力自评得分没有显著差异。

3.5　不同职称比较

职称		总平均分	课程规划平均分	课程开发平均分	课程实施平均分	课程评价平均分	课程文化平均分
副高级以上	均值	3.2843	3.2941	3.1852	3.4575	3.1543	3.3272
	N	18	17	18	17	18	18
一级教师	均值	3.1512	3.2051	3.0495	3.2208	3.1411	3.1541
	N	81	78	74	76	74	75
二级教师	均值	3.2889	3.4444	3.5556	3.1111	3.2222	3.1111
	N	1	1	1	1	1	1
二级教师以下	均值	4.0000	4.0000	4.0000			
	N	1	1	1			
总计	均值	3.1847	3.2314	3.0910	3.2624	3.1446	3.1868
	N	101	97	94	94	93	94

3.6　不同职级比较

职级		总平均分	课程规划平均分	课程开发平均分	课程实施平均分	课程评价平均分	课程文化平均分
初级校长	均值	3.1503	3.1875	3.0667	3.2488	3.1136	3.1715
	N	49	48	45	46	45	46
中级校长	均值	3.3043	3.2876	3.2531	3.4012	3.2840	3.2810
	N	18	17	18	18	18	17

（续上表）

职级		总平均分	课程规划平均分	课程开发平均分	课程实施平均分	课程评价平均分	课程文化平均分
高级校长	均值	3.2222	3.3194	3.1111	3.3333	3.1389	3.2083
	N	8	8	8	8	8	8
总计	均值	3.1949	3.2253	3.1189	3.2963	3.1596	3.2019
	N	75	73	71	72	71	71

6. 不同学科背景校长课程开发领导力的比较

单因素方差分析显示，不同学科背景校长的课程开发领导力得分没有显著差异。

3.7 不同学科背景比较

学科背景		总平均分	课程规划平均分	课程开发平均分	课程实施平均分	课程评价平均分	课程文化平均分
语文	均值	3.2107	3.2766	3.1259	3.2716	3.1481	3.1951
	N	49	47	45	45	45	45
数学	均值	3.1880	3.1966	3.0823	3.3120	3.1600	3.1852
	N	28	26	27	26	25	27
英语	均值	3.1076	3.0909	2.9000	3.2667	3.1667	3.2593
	N	11	11	10	10	10	9
小五门科	均值	3.2261	3.3333	3.1111	3.3111	3.1667	3.2000
	N	10	10	9	10	10	10
其他	均值	3.1422	3.2444	3.1778	3.1111	3.1111	3.0667
	N	5	5	5	5	5	5
总计	均值	3.1917	3.2391	3.0914	3.2778	3.1532	3.1921
	N	103	99	96	96	95	96

7. 不同性质学校的校长课程开发领导力的比较

独立样本 T 检验表明，公办学校和民办学校的校长在课程开发领导力的得分上没有显著差异。

3.8 不同性质学校比较

	学校性质	N	均值
总平均分	民办	11	3.2485
	公办	91	3.1800
课程规划平均分	民办	11	3.3434
	公办	87	3.2235
课程开发平均分	民办	10	3.2222
	公办	85	3.0810
课程实施平均分	民办	11	3.3333
	公办	85	3.2667
课程评价平均分	民办	10	3.1778
	公办	85	3.1516
课程文化平均分	民办	11	3.1818
	公办	86	3.1925

8. 不同类型学校的校长课程开发领导力的比较

平均数比较显示，校长课程开发领导力随学校级别的增高而增高，在课程规划、课程开发、课程实施、课程评价建设等四个维度呈现同样趋势；但在课程文化建设维度上，普通小学校长得分高于市一级学校校长得分。

3.9 不同类型学校比较

学校类型（均衡教育实施前）	A.普通小学	B.中山市一级小学	C.广东省一级小学	F	事后检验
	均值	均值	均值		
总平均分	3.0896	3.1372	3.3498	3.357	C>B>A
课程规划平均分	3.1714	3.1863	3.3644	1.557	C>B>A
课程开发平均分	3.0000	3.0707	3.1911	1.057	C>B>A
课程实施平均分	3.1524	3.2186	3.4400	2.763	C>B>A
课程评价平均分	3.0694	3.1279	3.2933	1.710	C>B>A
课程文化平均分	3.0719	3.0645	3.4957	6.902	C>A>B

二、开放式问题分析

（一）办学理念的高度影响课程开发的高度

1.办学理念体现了正确的价值追求，但时代性不够鲜明

办学理念是关于学校整体发展的理性认识和价值追求。课程开发是办学理念影响下的行为，考查校长的课程开发领导力，必须从了解其办学理念入手，进而了解其办学理念与课程开发实践之间的关系。根据108份问卷中有关开放式问题的回答，绝大多数学校的办学理念都体现了正确的价值追求。具体表现在以下三点。

第一，相当多学校的办学理念突出了小学阶段的奠基作用。例如"为每个孩子的幸福成长奠基""向上向善，为师生幸福人生奠基""创造合适的教育，为学生的终身发展奠定基础""为孩子的终身发展奠基，育有现代素养的中国娃""夯实基础，提高教育质量，走特色发展之路，为每个孩子的幸福人生奠基"。

第二，强调了以人为本的价值取向。如"让学生成为一个阳光少年""成为最好的自己""让孩子做完整的自己""关爱生命、以人为本""坚持儿童立场，创办优质学校""学生发展和教师发展""为学校的可持续发展创造条件，为学生的终身发展奠定基础，关爱学生，把爱施予每一位学生"。

第三，体现了党和国家教育方针的要求。如"以人为本、全面发展""让师生快乐和谐地成长""以'引领多元发展、奠基美丽人生'为办学目标""以人为本，以学校发展为本，为学生创造广阔的发展空间。让每个学生得到充分、和谐、持续、幸福的发展"。

然而，开放式问题的答案也体现出中山市小学校长的办学理念总体缺少时代感，对于当今社会所需要的核心素养的培养重视体现得不够充分，国际视野也只见于个别学校的办学理念。

2. 办学理念反映的理性认识水平参差不齐，侧重点有所不同

部分校长对办学理念内涵的认识存在一定的模糊性，存在把办学理念等同于培养目标或办学特色的问题。

在办学理念等于培养目标的这类学校中，又分为多维目标培养和单一品质培养。例如"培养四气，即有志气、有大气、有灵气、有底气的将军式人才""培养学业卓越、品行高雅，兼具国际视野和国学素养的公民"，前者较好地体现了学校的传统，后者比较好地体现了国际视野（也是本次调查中唯一体现国际视野的校训），上述两者都关注多方面培养目标。还有些学校的办学理念集中于对某一方面品质的关注，如"拥有竹品一样的人生""把最朴实的教育还给最淳朴的孩子"等。

也有部分学校将办学理念等同于办学特色。如"雅行教育""朴实教育""智慧教育""和美教育"等，由于部分调查对象的回答比较简短，我们无法理解其内涵。

3. 部分学校办学理念内涵深刻、表述凝练；更多学校的办学理念表述有待完善

有学者指出，办学理念一般是用精炼、鲜明、生动的词语，严密的逻辑结构，将指向明确、丰富而深刻的内涵表达出来，使之具有启发性和引导性。本次调查中，有些学校的办学理念语言凝练，如"正本、弘毅、雅趣、博学""向善求真、艺术求美、健康发展""依法治校、质量治校、科研兴校、特色强校"、培养"美德美才"的现代小公民。有的学校以诚善家园为载体，

确立了"诚立天下、善行一生"的校训，形成了诚善文化的核心价值体系。还有些学校的办学理念十分注意语言表达的形式和艺术性，比如"培养独善其身，兼爱天下"的现代公民，"爱心守望、智慧启迪、幸福教育"等。有学者指出，办学理念的表述应体现独特性与创新性的结合，兼有深刻性和实用性、简约性和诗意表达的结合。

然而，有不少学校的办学理念表述存在以下某种或多种问题。

首先，一些学校的办学理念表述相对粗糙，用词比较随意。如"全面推行素质教育，侧重对'人'的培养，不唯分数论""一是以生为本；二是发展才是硬道理；三是素质加个性；四是学校职责是服务，五是每一位教师都应成为一座教育丰碑"。

其次，一些学校办学理念比较形式化，没有体现个性。比如"为了学生的终身发展，坚持'以生为本、全员发展、全面发展、主动发展'的理念""先学做人、再学求知""学而有异、和而不同"。

再次，有些学校的办学理念表述过于平淡，缺少情感激励作用，或过于口号式。如"使每一位学生都得到发展，让每一位家长都能满意。面向全体学生，全面开发学生的潜能，尊重学生的人格""以优美的环境、一流的设备、一流的师资、领先的科研，通过高效的管理实现高质量的办学为目标，让孩子享受学习的快乐""培习惯、抓质量、办特色""为学生的终身发展打好品德基础、文化基础和身体基础""以人为本、和谐发展""关爱生命、以人为本""以人为本、全面发展"。

最后，一些学校的办学理念比较有温度，但理性力量不足。如"点亮教育、绽放精彩""以花的念想培土""让师生在点滴美中完善自我""呵护儿童立场，筑梦金色童年""每个孩子都是未来，每个梦想都值得浇灌""追求特色发展，塑造品牌教育""服务师生、发展师生、成就师生""孩子成长的乐园，教师追求幸福的家园，陶冶情操的花园"。

（二）从课程开发与办学理念之间的内在一致性看校长课程开发领导力

一些学校能较好地围绕办学理念进行课程开发，将办学理念转化为课程开发的实践。例如在"培养有志气、有大气、有灵气、有底气的将军式人才"的办学理念指导下，学校开发的课程包括国旗下课程（国旗下讲话系列）、体艺活动课程（跆拳道、柔力球等）、科技类活动课程、学生习惯培养课程等。另一所学校围绕"雅行"这一理念提出了办学目标和培养目标，制订了教育内容和具体实施方案，以行为规范为抓手，体艺教育为平台推行雅行教育，开发了围棋、衍纸、书法、古筝、足球、篮球、乒乓球、礼仪教育等学校课程。上述学校的办学理念和课程开发之间的关系比较清晰。

然而，也有一些学校的办学理念和课程开发之间的关系需要理顺。如办学理念为"育时代英才"的学校，开发了杨式太极拳、快乐足球、水墨画等课程，这些课程本身没有问题，但时代性不足。再如某所学校的办学理念是"爱的教育"，开发了茶艺、龙狮、摄影等社团课程和社会实践课程，这些课程与"爱的教育"的内在关联也不明显。

（三）从课程开发实践看校长课程开发领导力

1.学校课程开发的丰富性以及满足学生需要的程度，是校长课程开发领导力的具体体现

调查显示，中山市小学开发了多种多样的学校课程，其中多数为艺体类、技能类、综合活动类；其次是学科类、团队类；也有五育类。各学校课程开发的成熟程度不同。一些学校开发的课程类型多样、数量充足、内

容多样化，面向全体学生。例如，某所学校开发了以下课程：

（1）校本必修课：国际跳棋、围棋、篮球、游泳、水墨画、口风琴。

（2）兴趣课程：羽毛球、毽球、科学实验等三十多种。

（3）社团课程：二胡、水墨。

（4）活动课程：读书节、艺术节、科技节、体育节、英语文化。

另一所学校开发了作文课程、数学思维拓展课程、英语口语课程、小小科学家课程、小小主持人课程、葫芦丝、舞蹈等13门课程。

然而，也有部分学校的开发能力不足，开发的课程门数有限，不能满足所有学生对学校课程的需求。

2. 组织协调学校课程开发，协助教师克服困难是校长课程开发领导力的重要表现

首先，提供资源上的帮助。一位校长写道："我校主要开发了游泳课程和咸水歌课程，在课程实施中发现的问题主要有专家引领不足、学校配套设备跟不上、专业教师缺乏等。"该校长为教师提供了以下帮助：尽量为他们提供学习的机会，适时进行课程的落实研讨，提供必要的课程实施资金等。

其次，提供技术上的支持。另一位校长谈到："加强学校课程师资力量的培训，对课程内容进行评估与指导。"

再次，搭建协同研发平台。另一位校长写道："课程实施中出现的主要问题是缺少学术引领，我们会与国内全国名家合作，采取资源整合优化的方式，进行课程研究与实施。"

最后，赢得社会力量的支持。一位校长写道："书法课面对的难题是全校只有一个美术老师，想出成效比较困难。只能充分利用书法社团家委会力量，以及保证书法训练时间。"

总之，课程开发领导力强的校长，会排除各种阻碍，使课程开发得以顺利进行。正如一位校长所言："我的作用是整体课程建构思路的确立，组织老师开展课程开发理论的学习，为课程开发寻求人力、物力和财力的保障。"

（四）从课程开发的成效看校长课程开发领导力

开放式问题的调查结果表明，各学校的学校课程开发能力和成熟水平不一，差距很大。但总体来看，多数校长肯定了学校课程对师生发展、学校特色形成以及学校社会声誉等方面的积极影响。例如，某校将足球作为全校性普及的运动项目，每位学生都有一个足球，学校还开辟了足球韵律操、足球感操；另一所学校为了推进艺术发展，发掘了很多有天赋和兴趣的学生参与管乐、合唱、舞蹈。

一位校长表示，开发学校课程一方面能够内挖教师潜力，激发教师的课改热情，建设符合师生特色的学校课程；另一方面也是对学校校训的践行，能够为每一位学生的个性发展与未来奠基；同时可以形成学校课程的品牌特色。

还有一位校长写道："我校的课程特色赢得了教育主管部门、教师、家长及社会的认同。短短五年时间，从无到有，一路铿锵行吟，初步实现了教育的特色效应和社会品牌效应，在开发区乃至中山市教育的大地上筑就了一道情韵深远的风景。"

当然，中山市也有少数学校在学校课程开发方面刚刚起步，尚未产生明显的影响。

（五）校长对于提升课程开发能力的需求

1.多数校长表示，师资、时间、经费不足是制约课程开发的主要原因。

一位校长在课程实施中发现了师资不足、学校课程评价困难、开发有难度的问题。另一位校长反映："在课程实施过程中，课程落实和保证国家课程的上课时间上有难度。"

2. 专家的引领和培训指导是多数校长提升课程开发能力的诉求。一位校长在答卷中写道："希望相关专家能到校参与课程开发，并进行指导，希望平时能有更多学习和培训的机会。"另一位校长表示："我认为校长提升课程领导力，需要有较完善的现实操作案例作参考，需要有专家进行实际操作的指导。"

3. 多数校长表达了深入一线考察、学习先进典型的需求。一位校长表示："希望通过专家的理论指导，以一些实验学校样本作为参照，指引我们深入开发适合自己学校的学校课程。"

4. 多数校长希望学校能拥有更多的自主权。一位校长说："规范办学的检查制度与学校办学的自主权之间存在矛盾。政府部门对学校干预太多，能做什么、不能做什么受到很多制约。"

三、结论与建议

（一）结论

本研究采用《校长课程开发领导力自编问卷》，中山市 108 名校长参与了问卷调查。结果显示，中山市小学校长对课程开发领导力的自评总体表现良好，特别是在课程规划领导力与实施方面表现较好，在课程评价与课程开发领导力方面评价稍差，这表明中山市小学校长比较擅长从宏观层面把握课程开发的方向，对课程实施（教学）比较熟悉，在课程开发的实际操作及课程评价方面仍需要提升。新任校长和拥有 16 年以上教学经验的资深校长的课程开发领导力之间存在差距，说明积累经验对校长提升课程开发领导力十分重要。

开放式问题的调查结果表明，中山市小学校长在总结凝练的办学理念，以及推动课程开发符合本校办学理念两方面仍需加强。不同学校的课程开发实践发展不均衡、差距较大，表明中山市小学校长课程开发领导力的实际水平低于问卷调查中的自测水平，且差距显著。为了提升课程开发领导力，中山市小学校长的诉求主要是进一步保障师资、经费及教学时间，获得专家指导、现场学习、经验交流的机会，以及拥有更多的办学自主权。

（二）建议

1. 提升校长在课程开发方面的理论知识和实践知识。本研究结果反映出中山市小学校长存在教育理论前沿知识不足、研究能力薄弱等问题，关于课程开发、评价的理论知识亟待补充和更新。因此，中山市小学校长需要加强课程开发理论的培训学习。

2. 加强现场学习及经验分享。校长群体内部要加强交流对话，发挥资深校长的优势，以老带新，促进新校长课程开发领导力的提升。

3. 加强课程开发的资金、时间保障，给予学校更多的办学自主权。

四、本研究的局限性

本调查以自愿为原则，最终回收问卷 110 份。剔除无效问卷，样本容量共 108 人。根据年龄、性别、学历等不同分类标准，由于各分类下的小组人数有限，数据分析时没有体现出明显的差异性。另一方面，是否存在其他更加活跃的变量，如校长的研究能力、教育理论修养等，导致不同校长课程开发领导力之间存在差异，此问题有待进一步探索。

第三章

▼ ▼ ▼ ▼

中山市小学校长课程领导力的衡量标准

在查阅资料、阅读专著、编写问卷、调查分析、展示实验学校案例的过程中，中山市小学校长课程开发领导力的内涵及课程领导力的衡量标准逐渐显现。我们结合多方材料，根据相关理论和实践经验，初步探索出中山市小学校长课程领导力的衡量标准，主要从课程规划领导力、课程开发领导力、课程实施领导力、课程评价领导力和课程文化领导力等五个方面展开。

表4　中山市小学校长课程领导力的衡量标准

课程领导力要素	衡量标准	分值	自评分	他评分
课程规划领导力	1.透彻理解我国课程的三级管理政策，在传达国家的课程文件精神时能体现自己的思考和解读。			
	2.从课程管理走向课程引领，在课程与教学方面担当起指导者的角色。			
	3.有明确的办学理念和育人目标，并形成学校特色。			
	4.学校的课程规划以发展学生核心素养为核心。			
	5.学校发展规划内容体现课程规划，整体性推进。			
	6.经常组织学校中层、教学骨干学习国家三级课程理论，集体研究符合本校的课程计划。学校的课程规划落实在每学期计划。			
	7.课程规划考虑了社区条件、学校师资队伍、生源、师生发展愿景等因素。			
	8.学校课程规划的形成充分听取师生的意见。			
课程开发领导力	1.建立教师、家长、社区共同参与课程改革的沟通机制，赢得社会其他部门的配合和支持。			
	2.让每位教师在课程改革中发挥主动性和创造性。			
	3.课程建设有充足的学校物力资源（教室、图书馆、教材、教参、教学设备等其他资源）作保障。			
	4.课程建设中充分发挥信息技术资源的作用。			
	5.能确保国家课程开齐、开足、规范办学，保证小五门科的数量和质量；有相当数量的少先队课程、体育课程、校外综合实践课程。			
	6.引领教师进行国家课程、地方课程的二度开发，挖掘课程的内涵，提升课程质量。			

（续上表）

课程领导力要素	衡量标准	分值	自评分	他评分
课程开发领导力	7.开发了数量充足的学校课程，面向全体学生。			
	8.学校课程符合地方经济与文化特色，并体现个性化、多样化、"套餐化"、社团化，促进学生特长发展。			
	9.学校课程的开发符合学生不同发展阶段的培养目标和课程标准，符合学生身心发展规律，没有增加过重的学习负担。			
课程实施领导力	1.校长关怀教师的专业发展，更新他们的教育教学观念。			
	2.重视教学队伍建设及学校科组的建设。			
	3.通过教研活动、校本教研促进了课程改革的实施。			
	4.参加科组会议，参加教师备课并起到示范引领课程的作用，帮助解决课程实施中遇到的问题。			
	5.重视选好实验班及实验教师，以点带面。			
	6.学校采用多样化的课程实施方式，如长短课、连排课、整合课、选修课、社团课、大课、小课等。			
	7.引导教师关注学生学习的过程与方法，提高学生学习的自主性。			
	8.在课程实施中争取家长配合，聘请专家指导，重视民意调研工作。			
	9.重视建设课程实施的制度，激发师生的热情。			
课程评价领导力	1.校长指导和参与课程评价标准的制订，充分发挥评价的导向、激励、调控作用。			
	2.邀请专家参与制订学校课程评价方案。			
	3.课程评价着眼于发展，以人为本，不急功近利。			
	4.采用多元评价体系，鼓励学生个性化发展。			
	5.课程评价采取定性和定量相结合的方式。			
	6.学校的课程评价来源多样，充分听取管理干部、教师、家长、学生的意见。			
	7.校长的课程评价有较高的学术指导性、公信力高。			
	8.学校的教师绩效评价体系完善，不以分数为唯一标准，做到全面、完整。			
	9.校长将课程评价的结果及时反馈给老师，以评促教。			

（续上表）

课程领导力要素	衡量标准	分值	自评分	他评分
课程文化领导力	1.面向全体学生进行特色课程建设。			
	2.形成带有鲜明学校特色的传统课程。			
	3.课程体系体现学校的课程价值观、办学理念、办学风格与特色。			
	4.特色课程赢得主管教育部门、教师、家长、及社会的认同。			
	5.建设特色课程，对学校整体发展、学生核心素养全面提高起到重要作用，涌现出一批个性特长显著的学生。			
	6.学校隐性课程的设计体现课程特色、课程价值观。			
	7.从特色课程建设延伸到校园文化建设，如三风建设、校训凝练等。			
	8.课程改革成果获得了市级以上奖励，学校或校长的课改经验得到推广。			
	9.校长采取多种措施鼓励教师形成科研成果、发表论文，"三名工程建设"成果显著。			

第四章

▼　▼　▼　▼　▼

课程体系的
构建与实践案例

培养什么人，是教育的首要问题。我国是中国共产党领导的社会主义国家，这决定了我们的教育必须把培养社会主义建设者和接班人作为根本任务。培养出一代又一代拥护中国共产党领导和社会主义制度、立志为中国特色社会主义伟大事业奋斗终身的有用人才，这既是教育工作的根本任务，也是教育现代化的方向和目标。

研究学生发展的核心素养是落实立德树人根本任务的一项重要举措，也是适应世界教育改革发展趋势、提升我国教育国际竞争力的当务之急。学生发展的核心素养是党的教育方针的具体化，是连接宏观教育理念、培养目标与具体教育教学实践的中间环节。党的教育方针通过核心素养这一桥梁，可以转化为教育教学实践中可用的、教育工作者易于理解的具体要求，有助于明确学生应当具备的品格和关键能力，深入回答"立什么德、树什么人"的根本问题，引领课程改革和育人模式的变革。

参与课题实验的学校将"学科育人"放在重要地位，把实现育人目标、落实核心素养与课程开发紧密结合，就上述问题进行了积极探索。为了避免"千校一面"，参与课题实验的学校按照各自的育人目标、办学理念规划、开发课程，既做加法，又做减法，从国家课程、地方课程、学校课程等三个维度对现有课程进行加工处理，呈现出不同的课程样貌，对打造办学特色和校园精神文化建设起到了重要的推动作用。

"崇文尚武"课程体系建构及实施策略

◎ 课题组成员　民安小学　严玲珍

一、"崇文尚武"背景介绍

（一）学校简介

民安小学位于中国家电产业基地、广东省森林小镇、国家森林城市——中山市南头镇的北边。学校创办于 1927 年，占地面积超过 4 万平方米。

我校秉承"一切为了师生的发展和幸福"的办学理念，以"厚德笃学、崇文尚武"为校训，以"科学脑、人文心、中华情、世界观"为人才培养目标，希望培育充满"正气、朝气、勇气"的校园精神，打造"阳光自信、文明儒雅"的师生团队。我们的教育理想是让民安教育的亮点更亮、特色更特、优势更优，让民安教育人更有自豪感、成就感、幸福感，让民安学子更健康、更聪慧、更快乐。

（二）校园传统文化发展历程

"武术"是我校体育学科的重点项目。我校重视中国武术传统文化的发展与传承。自 1997 年民安小学正式成立武术训练队以来，"武术进校园"的活动就如火如荼地开展起来了。我们把学习武术精神与武术文化相结合，让广大师生、家长对武术——这项中华优秀传统文化有更深入的了解。多年来，我校大力开展武术教育，在"武术强身、武德导行、武技意趣、武魂励志"的教育理念指导下，以武育德、以武启智、以武健体、以武彰美，让更多学生了解武术、热爱武术，在武术活动中快乐成长，增强身体素质，磨炼意志品质，养成良好的行为习惯，成为品学兼优、能文能武的复合型人才。经过多年努力，我们培养出世界武术冠军吴毅懿、全国散打冠军胡桥峰、广东省冠军潘世昌等一批优秀武术人才。

我校以广东省立项课题《微课在小学社团中的应用》为依托，通过创编武术操，在全校开展功夫扇、拳术、棍术、刀术、剑术、腰鼓等特色项目活动。我校老师还编写出与课程教学配套的教材《武术园》，此教材获得中山市特色教材二等奖、广东省中小学特色教材三等奖。我校还利用思品课教授武术礼仪，组织国旗下讲话、撰写训练日记、图片展，通过"寻找身边的武术冠军"、拍摄武术专题片《七彩童年》等大型活动，让师生感受武术文化，学生能做到"人人会武术，人人可以露两手"。

二、"崇文尚武"课程建构理念

民安小学的课程理念是：一切为了师生的发展和幸福。学校应当成为师生共同发展、共享幸福的场所。我们说的发展，是指提升广大师生的生存能力、生活品位、生命价值，努力促进社会和谐，促进人类美好发展。学校对老师提出发展的要求，是为了敦促老师在课堂教学、班级管理、引导学生上走向专业、走向优秀，在教育工作中获得尊严与成就感。教师发展才能优教，学生优学才能发展得更好，进而获得快乐与幸福。

在这样的背景下，"崇文尚武"课程体系应运而生。

表5 "崇文尚武"课程体系

办学理念	培养目标	文武品质	基础型课程	特色课程	个性化课程	综合性课程
一切为了师生的发展和幸福	崇文尚武 厚德笃学	育德	品德与生活 品德与社会 班会活动	武术园 武术名人 朋友 礼仪 责任 榜样 感恩 追梦	《弟子规》 《三字经》 领袖团 小导游	国旗下讲话课程 主题班会课程 红领巾广播 美德少年评选 外来务工活动 家委会拓展 传统节日课程 文明礼仪课程 逃生演练 少先队建队日 慈善拍卖会 毕业典礼
		促智	语文 英语 数学 科学 信息	魔方 魔尺 七巧板 数独	棋类 阅读拓展 读书卡 科技社团	课本剧 绿茵文学社 校园英语节 科技节
		健体	体育与健康 心理与健康	武术 散打	篮球 足球 田径 乒乓球 羽毛球 跳绳	青春期教育 校园体育节 趣味运动会 心理健康月 特色大课间
		彰美	音乐 美术 综合实践	线描画 舞蹈	剪纸 合唱 折纸 国画 刮画	艺术节 书法 腰鼓课程

三、"崇文尚武"课程目标

"崇文尚武"课程体系以培养具有"崇文尚武、厚德笃学"品质的少年为目标，育德、促智、健体、彰美，争取塑造民安小学"武课程"新样态，让所有师生得到发展和幸福。

四、"崇文尚武"课程内容

（一）育德课程

说起中国武术，大多数人想到的是习武能强身健体、增强体质，其实它对人的帮助不止于此。习武还有助于培养坚韧自强的性格和良好的礼仪习惯。

习武之人，最注重的便是武德，"以武育德"集中体现在"仁"与"勇"的结合。如果没有武德，哪怕掌握再多的拳法，也不能称之为一个合格的武者。武德作为一种人格修养，要求武者为人处事要做到忠、孝、礼、诚、信，包括讲文明、懂礼貌、讲团结、戒骄傲、富有正义感、助人为乐及刻苦练功等。

民安小学老师在研究"武德"的过程中不断尝试、探索，努力通过武术教育全面促进儿童身心和谐发展，积极打造奋发向上的师生群体。

（二）促智课程

根据美国著名发展心理学家、哈佛大学教授霍华德·加德纳提出的多元智能理论，人类具有相对独立的多种智能，在不同环境和教育条件的影响下，人们智能的发展方向和程度存在明显区别。

武术的精髓在于攻防技击，习武之人需要具备身体运动智能、自我认知智能。武术运动注重内外兼修、神形兼备，习武之人需要具备视觉空间智能、音乐旋律智能。不论套路运动还是对抗搏斗，都要熟记并运用大量基础动作，习武之人还要具备逻辑数学智能、人际关系智能。少年儿童在练习武术的过程中需要具备以上六种智能，反之，通过系统的实践训练，可以促进这六种智能的快速发展，适应了少年儿童全面发展的需要。

文以明理悟道，武以健身励志。随着武术课程的研发与推广，将武术操、功夫扇等发展成为民安小学特色课程，能够有效带动学校其他课程的改革，实现文武教学均衡发展、相得益彰。通过推行武德教育和武术文化教育，能够促进学校特色品牌建设，激发学生的爱国热情和集体主义精神，帮助学生全面提高身体素质和心理素质，为终身体育奠定良好基础。

（三）健体课程

《新体育课程改革方案》提出"强化科学精神和人文精神的培养，传承中华民族的优良传统"的要求。武术作为中华民族优秀文化遗产的典型代表之一，在激发学生对民间体育活动的兴趣、弘扬民族精神上所起的作用，是任何一本教材都无法比拟的。

武术运动讲究调息行气，习武可以伸展筋骨、调养气血、增强体质。把武术的基本知识、技能、特性融入体育教学，能够改善课堂气氛，增加教学内容的多样性；同时也有助于促进学生身体素质发展，培养他们勇敢顽强、机智果断、团结协作的意志品质。

民安小学将具有中华民族特色的武术内容纳入体育课堂教学中，在充分尊重学生意愿的前提下，开展了许多符合学生年龄特点和兴趣爱好的武术活动。学生可以在游戏中探索，自觉积极地学武、练武、玩武。通过学习武术，民安小学的学生不仅能够掌握强身健体的技能，还能将其延伸到课外，使武术成为课余生活的重要组成部分。这成为民安小学体育教学的一大特色，体现出民安小学为顺应新课改要求，对学校课程进行的开发与创新。

体育运动的最大魅力在于体育精神。"天行健，君子以自强不息；地势坤，君子以厚德载物。"竞技场上，散打运动员间充满智慧、力量与意志品质的较量；田径赛道上，短跑运动员坚持不懈、顽强拼搏，向着"更高、更快、更强"不断挑战，这些美好的精神品质能够给人以激励和鼓舞，可以帮助人们净化心灵，树立健康的审美。

（四）彰美课程

武术具有健身性、技击性、艺术性，集实用功能与审美功能于一体。中华武术发展到今天，之所以经久不衰，不仅因为它具有健身自卫的实用价值，更因它作为一种独特的表演艺术，蕴含着中华民族的气质与民族精神，能给人以美的享受。

武术的美学特征主要通过动作姿态、劲力、节奏、精神、造型等要素体现。武术教学中，需要运用新颖多样、丰富多彩的教学方法和教学手段，将美育渗透到武术教学过程的始终，更好地发挥体育的育人功能。

美育是全面发展教育的重要组成部分，也是学校教育的重要任务之一。要充分利用武术运动中的特有的美教育感染学生，使学生的心灵、形体得到美的熏陶和塑造。

五、"崇文尚武"课程实施路径

（一）认真落实国家课程的目标内容

课堂实践中，我们积极培养学生的学习能力，努力促进学生全面发展。

（二）培养学生高尚的道德情操

民安小学老师编写的《武术园》是一本深受学生欢迎、可操作性很强的书。书中既有对武术基本功的介绍，还记录了古今中外众多习武之人的感人事迹。如精忠报国的岳飞、代父从军的花木兰、男儿当自强的李连杰等武术名人，还有永不放弃的世界南拳冠军吴毅懿、勇敢自强的全国散打冠军胡桥峰等，这些名人故事让学生深受感染。

我们根据小学生的年龄特点，开设了武术入门基本功、武术操、五步拳、少年拳、初级刀、散打拳法、散打腿法等由易到难、循序渐进的武术基本技能训练课程，由专职教练授课。此外，还编排了武术电影、武术歌曲，组织绘画、手工制作、小小武术家等内容丰富的活动，让学生通过看一看、读一读、做一做、写一写、画一画、评一评，全方位接触、感受武术文化。

我们还通过"以团带队"的方式，让学生自主成长。这里的团指的是中山少年军校领袖团民安小学大队。中山少年军校领袖团民安小学大队成立于 2017 年 6 月，领袖团成员均从优秀少先队员中选拔，现有团员 55 人。领袖团成员以身作则，其优秀事迹在全体少先队员中起到了榜样示范作用。

2018 年第二届中山少年军校领袖团军事会操展演活动中，民安小学大队的演出节目《旗武飞扬》，获得中山市少工委的一致好评。

我校家委会在"以武育德"的理念影响下，开展了"家校联动、合力育人"系列活动。2013 年 10 月，我们在各班级成立班级家委会，随后成立学校家委会。成立之初，家委会内部凝聚力不强、分工不明确、工作不熟悉。校长亲自出面，对学校家委会成员进行培训。我们邀请社工组织帮助训练团队，并前往我校结对学校——小榄广源学校，学习他校家委会的先进做法。家委会会长也经常组织亲子外出拓展等活动，大大增强了家委会的内部凝聚力。

随着合作不断加深，家委会成员成长迅速。在武术精神的影响下，他们更新了教育理念，开始参与学校的管理与服务，采用的教育方法愈发符合实际规律。比如听取、审议学校的工作计划与报告，参与班级文化建设，为孩子购买书籍及活动奖品，组织亲子活动，召开并主持家长会，成立扶贫基金会等。"家委会先行"的方式产生了以点带面的显著效应，吸引了更多家长广泛参与进来。

近年来，我校荣获"中山市德育示范学校""中山市文明校园"等称号。2016年12月，我校家委会获评"中山市中小学先进家委会"。这些荣誉始终激励着我们不忘初心、勇于担当，这也是以武育德的初衷。

（三）挖掘学生潜力，帮助他们成就卓尔不凡的人生

民安小学开设了36门个性化社团课程，每学年初，学生可以自行选修感兴趣的课程。个性化社团课程广受欢迎，学生的学习热情高涨。为了满足学生需求，除了专业老师授课，我们还借助家委会资源优化师资力量，邀请家长授课。

课堂里，学生积极沟通、相互支持、密切配合，主动发挥团队协作精神，有效完成了学习任务。我们还在班内开展优秀小组评选活动，如"积极发言小组""声音洪亮小组"等，以增强学生的协作意识、团队精神与合作能力。

（四）思考、开发综合性课程

教育的起点和归宿应该是引导学生学会生活。儿童品德的形成源于他们对生活的认识、体验和感悟。丰富多彩的实践课程，以及科技节、艺术节、体育节等节庆活动为学生提供了展示自我的舞台。

科技节里，学生用双手做出"梦想礼物"。在老师的细心引导下，许多学生对科学创造产生了浓厚兴趣。他们通过自主思考、亲身实践，其科学素质也获得了极大提升。

艺术节里，每个学生都可以成为编剧、导演或者演员，他们用丰富多彩的形式，将自主编排的节目呈现给全体师生、家长，实践了"体验式德育"的教育理念。在编排节目的过程中，学生通过沟通、合作、交流，变得更

加阳光自信，这种经历和效果远胜于空洞的说教。

2018年5月，我校一年一度的校园艺术节拉开帷幕。本次艺术节包含爱国歌曲大合唱、小品、现代舞、魔方表演、课本剧表演、《弟子规》诵读表演、武术操表演、亲子义卖、爱心拍卖等活动。

这些活动也体现了综合性课程在实践中的具体应用。比如促智课程，通过魔方表演、课本剧表演等活动锻炼学生的创造性思维能力，培养合作及沟通意识；健体课程，通过武术操表演等活动传承、发扬中华传统武术文化，加强学生对校园特色文化的认同感；彰美课程，通过合唱、舞蹈等活动提高学生的审美品位，使校园成为创造美、表现美、感受美、传递美的欢乐海洋。我们力求通过这些课程与活动，培养出"崇文尚武、厚德笃学"的学生。

六、"崇文尚武"课程成果

在师生的共同努力下，民安小学连续12年被评为"中山市优秀武术传统项目学校"，连续4年被评为"南头镇综合办学水平先进单位"，还获得过"广东省体育特色学校""广东省群众体育先进单位""中山市一级学校""中山市德育示范学校""中山市文明校园"等荣誉称号。我校武术社团被评为"中山市特色社团"。我校学生在国际级武术比赛中荣获了46枚金牌，还有成百上千的学生在省市级比赛中获得嘉奖。2017年，民安小学武术队成员登上中央电视台春节联欢晚会的舞台，中央电视台、广东电视台、中山电视台、《中山日报》《南方日报》《南方都市报》、新华网等媒体都作了专题报道。

"火炬文化"社团活动课程体系的建构与实践

◎ 课题组成员　开发区中心小学　孙宁

一、学校概况

开发区中心小学成立于 2008 年，是一所由火炬开发区人民政府高起点、高标准投资兴建的公立小学，位于美丽现代、充满活力的科技新城中心。校园占地面积 47286 平方米，建筑面积 35811 平方米。现有 48 个教学班，2413 名学生，在编教师 123 人。

二、办学理念

近年来，学校遵循火炬开发区管委会"办名校、创名牌、出名师、育名生"的思路，始终坚持"优质教育、优质服务"的办学宗旨，追求"个性教育"的办学理想，以"求真、向善、立美、创新"为校训，确立了"尊重生命、培养习惯、张扬个性、创造未来"的办学理念，形成了"恒学、常思、求新、力行"的教风和"乐学、能问、合作、喜为"的学风，提出并践行九大办学方略。

学校工作成绩斐然，教学质量名列前茅，办学理念和管理举措得到高度认可，获得过多项荣誉称号，比如"全国'十一五'教育科研先进集体""全国校园影视教育研究工作先进集体""中小学语文个性化教学实验研究先进集体""全国中小学国防教育示范学校广东省诗歌教育示范学校""中山市德育示范学校""中山市师德建设先进单位""中山市依法治校示范校"等。

三、创新火炬文化课程

为了实现课程的创造性开发，我们提出了四条行动路径。

首先，增强课程意识，实施"一岗双责"。教师要承担起国家课程实施者和学校课程开发者的双重责任，根据自己的学术背景和特长，独立或合作开发能够提升学生核心素养的学校课程。为了有组织、有计划地推进学校课程的建构，我们制订了《开发区中心小学课程管理与实施方案》，将学校课程分为必修课（国家课程、品牌特色课程）和选修课（拓展性课程、资源性课程）。

其次，撤销学术与课程开发室，将其学术职能划归教学与质量管理室，成立课程研发中心。课程研发中心的主要职责是牵头规划学校课程建设，推进国家课程（基础性课程）的校本化实施，带领开发拓展性课程和资源性课程。同时，撤销艺术科组、综合科组办公室，将音乐、美术、信息等学科教师的办公、教学、研发地点设在各自负责的功能室，以便他们"聚精会神教学、一心一意研究"。

再次，淡化学科界限，倡导和探索综合课程。这一路径的主要目标是创新火炬文化课程体系，增强学校综合实力和竞争力，打造"名师名生名校"，为其他学校提供一个可供参考的样本。

最后，推行微小课题研究。按照"人人参与、来源课堂、研究问题、解决难题、求真务实"的二十字要求，启动开发区中心小学教师教育教学小课题研究项目。截至 2019 年年初，共有 1 个国家级课题、4 个省级课题、5 个市级课题、12 个区级课题。

四、独特的火炬社团文化

在火炬文化的引领下，我们一直在思考如何把学生社团活动转变为社团活动课程。这是课程研究的转折点，也是课程开发的起点。

（一）学生社团活动是火炬文化课程的重要组成部分

学校成立以唐从彦校长为领导的学生社团管理领导小组，制订《开发区中心小学学生社团建设方案》。我们不断优化方案，完善管理制度，使一批学生社团活动成功通过学校学术委员会的认定，上升为覆盖全体学生的正式课程，形成了独特的火炬社团文化。

1. 社团课程设置

根据"二一一"（两种好习惯、一律好成绩、一样棒特长）人才培养模式的思路，我们以学生需求和师资实际为出发点，融合"艺术修身、健体修身、书香修身、实践修身"等元素，开设大约80个学生社团，为孩子们掌握"一样棒特长"提供了很好的平台。

"艺术修身"类社团包括中国舞、拉丁舞、街舞、绘本画、儿童创意画、版画、漫画、素描、合唱、馨光童声、大提琴、小提琴、古筝、吉他、管乐交响乐等。"健体修身"类社团包括健美操、羽毛球、乒乓球、篮球、垒球、足球、武术、跆拳道、国际象棋、中国象棋、跳棋、围棋等。"书香修身"类社团包括阳光文学、国学经典、硬笔书法等。"实践修身"类社团包括科学制作、机器人制作、电脑绘画、信息学、动植物小实验、儿童剧表演、注意力训练、小交警、创意结构搭建、学习提升力训练、创新思维训练、魔术、趣味科学、新概念英语等。

2. 社团师资构成

社团师资力量较强，主要由在校教师、外聘教师和学生家长组成，并按专业程度将他们分为主讲和助教。为了保证教学质量，我们严控外聘教师"准入"门槛，确立了包括专业资质、教学过程管理、教学考评等一系列审核标准。

3. 普及与提高双轨运行

让孩子拥有快乐、自信的童年，培育他们的发展潜力，是社团建设的初心。我们致力推动"普及与提高双轨运行"，首先由校队社团招募学生，择优录取。其次，学生可根据兴趣爱好，自行报名加入相应社团。学生的主动参与、自主选择与教师的有效指导相结合，构筑了一个资源共享、愉快平等的学习环境。社团报名的方式是网络选课，因为名额有限，一些热门课程常常出现短时间内"爆满"的情况。

4. 社团活动管理与监督

为了进一步规范管理好社团活动，学校要求社团活动的日常训练做到"十有"：有统一标识、有规定训练时间、有固定训练场地、有专门教师、有学期训练计划、有课时训练方案、有考勤记载、有自编或选用的教材、有训练记录、有每个学生的成绩汇报或展示。

同时采用"德育室主管、级长主抓、主讲老师主责、助理老师协助、责任到人"的分工方式。重点检查师生到岗情况、精神面貌、教学效果等，针对发现的问题、不足进行优化调整。

5. 社团活动成果运用

我们利用问卷、访谈等多种形式评估社团的发展现状及价值。对于成熟、可持续发展的社团，学校课程研发中心会将社团运行的成功经验加以提炼、总结，按照课程建设的要求，将其上升为学校课程，并给予一定奖励。

此外，我们还通过各种渠道宣传社团活动，推广、展示活动成果，以期扩大知名度。下一阶段，我们将尝试把选修课程的学分纳入学生的考核评价体系。

（二）一年组队伍，打基础；两年出成绩，上档次；三年树品牌，显特色，成亮点

按照"班班有特色、人人有特长、学校有个性"的发展思路，我们编制了《开发区中心小学特色建设方案》，组建"两院两团一队一社"的特长团队，简称"二二一一工程"。它们分别是创世纪书画院、启明星科学院、百灵艺术团、ABC英语剧团、飞翔体育竞技队、阳光文学社。其中，百灵艺术团下设有小黑熊少儿民族打击乐团、铜管乐团、小黄莺学生合唱团、小海燕学生舞蹈队、小孔雀鼓号花样操队、小黄鹂学生古筝队和教师合唱团、教师舞蹈队等二级社团。

学校组织编写了近20本教材，聘请专家作为顾问，吸收校内外优秀人才成为社团辅导老师，有计划、分梯队地推进课程建设。我们在低年级开设形体课，高年级开设器乐启蒙、乐曲欣赏等课程，并在全校开展健美操训练课程。截至2019年年初，我校的羽毛球、舞蹈、足球等社团已成为中山市有一定影响力的特色社团。

近年来，开发区中心小学的艺术类社团活动结出累累硕果，大批功底扎实、才能突出的艺术幼苗脱颖而出。学校的艺术教育特色逐渐显现，很好地诠释了"立美"的火炬文化内涵。

我校原创舞蹈《我和风筝一起飞》曾获全国青少年优秀艺术特长生才艺展演广东赛区金奖，参赛队伍还受邀登上广东省少儿春节联欢晚会的舞台，并被邀请前往维也纳金色大厅参加演出，引起巨大反响。2019年，我校原创舞蹈《重返狼群》荣获广东省第五届少儿舞蹈大赛金奖、创作奖。

在日渐浓厚的文化艺术氛围中，广大师生的艺术潜能被激发，变得更加自信、阳光、充满活力。艺术教育可以改变孩子的气质，也必将深刻影响孩子的未来。

课程开发是实施素质教育对学校的必然要求，是提升学校办学优势、促进特色发展与和谐发展的重要举措。实现社团活动课程化的目标任重道远，"路漫漫其修远兮，吾将上下而求索"。

"将军气质教育"课程体系的建构与实践

◎ 课题组成员　将军小学　吴伟刚

一、学校简介

将军小学坐落于革命老村——将军村。学校创办于 1945 年，具有深厚的历史人文底蕴。将军小学后与华光小学合并，成为一所以发展跆拳道项目为传统，以培育将军气质文化为特色的镇属公办小学。

学校占地面积 25393 平方米，建筑面积 6761 平方米。截至 2019 年年初，学校开设了 27 个教学班。学生 1284 人，其中随迁子女 767 人，约占学生总数的 59.7%；女生 578 人，约占学生总数的 45%；少数民族学生 55 人。教职工 77 人，平均年龄 34 岁，教师学历达标率 100%，1 人具有研究生学历。学校教育教学设备先进，实现了视频监控系统全覆盖、广播信息系统全覆盖、多媒体教学系统全覆盖、办公和家校互动系统全覆盖。

二、办学思想与办学理念

南头镇位于中山市北部，毗邻佛山顺德，区域面积全市最小，只有 28 平方公里。常住人口十余万，下辖六个社区居委会，是一个以家电产业为特色的工业重镇。

在南头人民的不断努力下，南头镇先后获得"国家卫生镇""中国家电产业基地""全国文明镇""全国环境优美乡镇""国家级生态乡镇""广东省教育强镇""广东省平安建设先进镇"等多项荣誉称号。

南头镇将军社区与黄圃镇新丰村接壤。当地百姓为纪念一位将军，修建了一座将军庙，故称将军村。2001 年，按照镇政府部署，原华光村和将军村合并成为现在的将军村。受孙中山先生精神的熏陶，将军村民风淳朴，经济发展迅速，精神文化生活十分丰富，开展了如跆拳道、醒狮、五人飞艇等一系列精彩纷呈的民间活动。这些活动既可以锻炼身体，又能凝聚民心，还能展现出将军村村民活跃积极的精神面貌。

将军小学按照《国家中长期教育改革和发展规划纲要（2010—2020 年）》的要求，争取为每一位学生提供适合发展的教育。在传承将军村优秀传统文化的基础上，将军小学从实际出发，提出独特的办学思路和课程体系，并致力于校园文化建设，努力打造亮点，彰显办学个性。

将军小学把立德树人作为教育的根本任务，确立了"气质从此更轩昂"的办学理念。秉承"德育求善、智育求真、体育求美、发展求全"的办学思想，以"德才兼备、智勇双全"为校训，以"爱国心、民族魂、报国志"为人才培养目标。通过完善学校管理机制、强化教师队伍建设、大力推进课程改革，目前已初步成长为以发展跆拳道项目为传统，以培育将军气质文化为核心的特色学校。

将军小学被评为"广东省跆拳道传统项目学校""广东省基础教育研究实验基地学校",还获得过"广东省群众体育先进单位""中山市绿色学校""中山市继续教育先进学校"等多项荣誉称号,成为了绽放在南头镇教育大地上的一朵绚丽奇葩。

三、将军气质教育课程体系的构建框架

《关于全面深化课程改革,落实立德树人根本任务的意见》中指出:统筹各学科,特别是德育、语文、历史、体育、艺术等学科。充分发挥人文学科的独特育人优势,进一步提升数学、科学、技术等课程的育人价值。同时加强学科间的相互配合,发挥综合育人功能,不断提高学生综合运用知识解决实际问题的能力。这就要求我们要全面深化课程改革,认真做好课程顶层设计,重视全科育人、全程育人,切实加强学科的横向配合和纵向衔接。

在特色课程体系建设中,我们对学校总体特征、核心问题、基本原则、发展思路、实践形式、评价标准等进行了充分研究,深度整合国家课程、地方课程与学校课程,"把对学生德智体美全面发展总体要求和社会主义核心价值观的有关内容具体化、细化",将其转化为具体的品格和能力要求,进而贯穿到各个年级、融合进各类课程,最后落实在学生身上。经过深度研究与整合,我们构建了适合本校发展实际的特色教育课程体系:将军气质教育课程体系。

表6　将军气质教育课程体系

办学理念	办学思想	培养目标	学习领域	基础课程	拓展课程	综合课程
气质从此更轩昂	德育求善　智育求真　体育求美　发展求全	德才兼备　智勇双全	品德与法治	品德与法治 少先队活动	爱国主义教育 将军气质教育 国防教育 传统文化教育 生命教育 环保教育 礼仪教育 感恩教育	植树节、学雷锋日、少年领袖团、少年军训、送军活动、国旗下讲话、主题班会课程、红领巾广播站、少先队建队日
			人文与创新	语文 英语 数学 科学 综合实践活动 信息技术	春雷文学社 英语新天地 趣味数学 魅力魔方 机器人制作 小小科学家 动漫设计 棋类学习 抖音制作	科技节、阅读创作大赛、魔方表演、机器人制作大赛、科技创造大赛、速算比赛、动漫设计大赛、棋类比赛、英语演讲比赛、课本剧大赛、校园文化宣传大使
			运动与健康	体育 卫生与健康	跆拳道 醒狮艺术 足球 篮球 羽毛球 乒乓球 花样跳绳 田径	体育节、趣味运动会、跆拳道课间艺术操、跆拳道训练营、花样跳绳比赛、足球比赛、篮球比赛、乒乓球比赛、羽毛球比赛、应急疏散演练、自救自护操作考核
			艺术与审美	音乐 美术 书法	古筝 竖笛 舞蹈 合唱 相声 剪纸 书法	艺术节、合唱比赛、"六一"儿童节文艺汇演、慈善义卖活动、社区义务劳动日、家委会义工服务、小小书法家大赛

四、将军气质教育课程实施案例：《走进魅力跆拳道》学校课程

跆拳道是东方传统文化的重要组成部分，具有浓厚的民族特色和独特的体育魅力。跆拳道以"始于礼、终于礼"的武道精神为基础，所有动作都以人类自身的防卫本能为基础，将其生存的本能意识通过肢体有力的动作表现出来，然后逐渐成为一种主观信念，从防御动作发展到进攻形态，最终达到自动化的行为阶段。跆拳道对青少年的道德素质、文化素质、意志品质等方面具有良好的促进作用，对深化教育改革，推动学校体育全面发展具有十分重要的意义。

为了传承优良民风，顺应民意要求，进一步发掘跆拳道的教育意义，我们把跆拳道纳入学校教育范畴，成立了兴趣小组，聘请教练在学校专职开展跆拳道教学。在"一校一品牌"的号召下，为了进一步推广跆拳道运动，丰富将军气质教育内容，实现"德才兼备、智勇双全"的教育效果，我们积极开展跆拳道特色课程研究，实现跆拳道教研一体化。努力做到以质量为中心、以课堂为阵地、以教材为依据、以活动为载体、以效率为灵魂。

经过多年努力，跆拳道逐渐成为学校的亮点项目，学生在各类跆拳道比赛中荣获佳绩。我校被评为"广东省跆拳道传统项目学校"，还连续10年被评为"中山市优秀跆拳道传统项目学校"，成功承办了2014年、2016年、2017年中山市青少年跆拳道锦标赛及公开赛。

通过不断研究，我们编写了校本教材《走进魅力跆拳道》。教材内容分为两部分：一是思想教育篇，该篇整合了品德与法治、体育、美术、音乐、信息技术等科目的内容，对跆拳道文化进行介绍，寓教于乐，旨在拓宽视野、开展思想品德教育。二是技能练习篇，该篇内容图文并茂，展示了跆拳道

的基本技能。我们还根据跆拳道的技术动作改编整合了一套广播操，组织师生练习。为了让跆拳道更富吸引力、丰富跆拳道教育的内涵，我们还开发了"跆拳道啦啦操"。

《走进魅力跆拳道》目录

（一）思想教育篇

前　言　打造学校体育特色，培育学校体育文化

第一章　跆拳道的起源

第二章　跆拳道的精神礼仪

第三章　跆拳道主要特点

　　第一节　以腿法为主，拳脚并用

　　第二节　动作追求速度、力量和效果，以击破为测试功力的手段

　　第三节　强调呼吸，发声扬威

　　第四节　以刚制刚，方法简练

　　第五节　礼始礼终，内外兼修

第四章　跆拳道馆（道场）

第五章　跆拳道级位与段位基础知识

第六章　腰带颜色的象征意义

第七章　ITF 的识别方法

第八章　跆拳道常用口令中、韩语音对照表

第九章　跆拳道、青少年、素质教育、促进作用

　　第一节　素质教育的内涵

　　第二节　跆拳道对青少年道德素质的促进作用

第三节　跆拳道对青少年文化素质教育的促进作用

第四节　跆拳道对青少年智力发展的促进作用

第五节　跆拳道对青少年体质的促进作用

第六节　跆拳道对青少年生理素质的促进作用

第七节　跆拳道对青少年心理素质的促进作用

第八节　跆拳道对青少年美育素质的促进作用

结束语

（二）技能练习篇

第一章　跆拳道基本技能广播操

第二章　跆拳道艺术啦啦操

五、将军气质教育课程未来发展

近年来，我们在中山市名校长周锦连工作室的指导下，以广东省"强师工程"重点课题《提升小学校长课程开发领导力的实践研究》为指引，积极开展小学校长课程开发领导力的实践研究。

研究过程中，我们全面贯彻落实国家教育方针，把立德树人作为教育的根本任务，重视全科育人、全程育人。我们以国家课程为核心，构建国家课程、地方课程、学校课程三位一体的课程体系，发挥国家课程、地方课程、学校课程的教育功能。同时，不断发掘地方优秀文化的育人功能，把弘扬地方优秀文化作为重要工作。此外，充分发挥本地社区和家委会的作用，邀请文化传承人到学校授课，全力打造特色学校文化，推动本地文化与学校文化相互融合、共同提升。

　　将军气质教育课程在未来还有很长的路要走，学校要加强教师队伍建设、重视科研，理论结合实践，不断提高课程实施质量。校长要主动作为，做好顶层设计，统筹安排学校资源，为课程实施保驾护航。教师要严格遵循教育规律，尊重学生的个体差异，科学合理地设置课程，帮助学生健康快乐成长。

"爱我南朗"综合实践活动课程体系的建构与实施

◎ 课题组成员　南朗小学　陈敏华

一、学校课程研究目标

　　综合实践活动是在教师引导下，学生自主进行的综合性学习活动；是基于学生经验，密切联系学生生活和社会实际，体现对知识的综合应用的实践性课程。

　　为了进一步拓宽综合实践活动天地，丰富课程内涵与特色，为南朗镇综合实践活动课程注入生机，我们结合《充分利用家乡资源拓宽综合实践活动天地》和《农村小学综合实践活动校本化的实践研究》两个课题，对现实题材进行抽取、分析、加工、设计等，将其巧妙引入到综合实践活动课程中。同时，我们从学校实际出发，结合学生年龄特点，按照各年级综合实践活动的目标要求，研究、制订出各学段的活动目标，供执教老师参考。同时允许教师根据班级、学生的具体情况再次选择、细化、微调。

　　三至六年级综合实践活动课程的具体目标是：

　　（一）亲近自然环境、热爱自然，初步形成自觉保护环境的意识和能力。

1.接触自然，丰富对自然的认识。

2.欣赏自然世界，发展对自然的热爱情怀。

3.通过丰富多彩的活动，理解人与自然不可分割的内在联系。

4.知道如何保护和改善自然环境，并身体力行。

（二）考察社会环境，自觉遵守社会行为规范，增强人际沟通能力，初步养成服务社会的意识、对社会负责的态度。

1.认识社会资源，并能有效运用。

2.走入社会，熟悉并遵守社会行为规范。

3.发展人际交往能力，养成合作品质，融入集体。

4.力所能及地参与社区服务活动，体会其意义。

（三）逐步掌握基本生活技能，养成生活自理的习惯，初步具备认识自我的能力，形成勤奋、积极的生活态度。

1.注重生活卫生，料理自己的日常起居。

2.认识各种灾害及危险情境，学会自我保护。

3.端正劳动态度，形成良好的劳动习惯。

4.认识和了解自己，树立人生理想，积极进取。

（四）激发好奇心和求知欲，初步养成从事探究活动的正确态度，发展探究问题的能力。

1.关注日常生活及周围环境中的问题，激发探究的热情。

2.考察科学发现的历程，感受并初步养成从事探究活动所必备的精神和品格。

3.亲身实践，学会使用一些最基本的工具和仪器。

4.尝试科学探究的一般过程，初步掌握获取、处理信息的能力。

（五）学习"爱我南朗"主题课程。

在实践中感受伟人故里，感受家乡之美，培养学生对家乡的热爱之情，形成高尚的人格情操。

二、学校课程内容体系

三至六年级综合实践活动课程的内容围绕以下四个维度设计和组织。需要说明的是，对于不同维度之间出现交叉、重叠的内容时，我们并不排斥。

维度一：亲近与探索自然

自然维度的课程内容包括结合学校周围自然环境开展的，对自然的体验、欣赏、学习、探索与行动等一系列实践活动。这些活动旨在激发小学生的探究兴趣，使他们了解人与自然相互依存的关系，养成对自然负责任的态度和行为习惯。

维度二：体验与融入社会

通过外出参观、访问、实际参与、探究等，学生了解社会现象，了解自己在社会中的角色与定位，体会自己与社会、与他人的关系，养成关注社会、服务社会的意识，发展服务社会的能力。

维度三：认识与完善自我

通过畅想、感悟、交流、体验、行动等，学生了解自身能力、兴趣、价值观等个性品质，学习生活技能，养成自理、自律、自省的行为习惯。

维度四：继承与发扬传统

通过学习传统文化，了解民间艺术、传说，挖掘南朗丰富的人文资源、旅游资源，弘扬优良的民族文化传统。让学生在亲身感受和实际体验中完善人格，培养他们爱家乡、爱祖国的情感。

各年级按照学校整体规划,通过问卷、访谈等形式,在已有的研究基础上,结合实际情况,尤其考虑到学生的年龄、原有知识水平、能力、兴趣与爱好、实际生活经验等,确定了如下内容和主题:

表7　三至六年级综合实践活动课程

年级	执教	认识与完善自我	亲近与探索自然	体验与融入社会	继承与发扬传统
三年级上学期	凌瑞环方桂钰	我爱我家预防疾病	体验种植番薯乐趣南朗杨氏果场	走进南朗生态公园南朗镇全民健身广场孙中山故居	春节清明节
四年级上学期	许少欢陈敏华	我爱我校洋快餐	生活垃圾南朗香蕉	南朗鸭粥左步孙氏宗祠南朗杰出人物	端午节七夕
五年级上学期	陈敏华方桂钰	做一个阳光少年家校携手,快乐成长	南朗镇古树名木调查活动绿色食品	寻找抗日英雄的足迹南朗镇慈善万人行茶东陈氏宗祠	中秋节重阳节
六年级上学期	袁少平闵娅君	学会交往,快乐成长做精明的消费者	治理母亲河崖口的围垦	崖口飘色南朗海鲜飘香孝义坊	元宵节国庆节

三、学校课程活动计划

我校严格执行中山市课程设置规定,不同年级的课程时间、体量等安排都不一样。此外,为了保障课题研究顺利展开,我们会根据课题实际,提供一定的经费支持。

南朗小学综合实践活动课程的学习资源不是固定教材,而是师生在活动过程中思考和创造的结果。教师可以根据教学需要和自己的理解,对教学内容进行增减调整;学生可以附上自己的活动成果、活动体验。

我们要求教师采用的教学模式包括五个环节：主题确立、方案设计、活动实施、作品展示、活动评价。具体实施时，要准确落实各环节对应的课型，把握各课型的内容、结构和操作程序，从而保证综合实践活动课程实施的常态化，提升课程实施的有效性。

课程实施分为四个板块。一是按照教材进行班级授课，有机整合社区活动、劳动技术、信息技术和研究性学习等活动，在实践中不断升级教材。二是开设选修课程，每位教师都要根据南朗地方资源进行专题研究、开发专业课程，以供学生选修学习。三是开发一系列体现学校特色的综合性主题活动。四是成立若干研究性学习小组，进行微型课题研究。

表8　教师研究方案

研究时间	研究方法	研究内容
2014年12月	文献法 调查法	1.收集整理国内有关综合实践活动的教学经验与开展模式。 2.借鉴前人研究成果，针对南朗镇综合实践活动课程开展的实际，提出切实可行的研究方案。
2016年3月	文献法 调查法	1.分析中山市历史文化资源、南朗镇地方资源，有的放矢地进行针对性实验研究。 2.从中山市研究社和南朗镇宣传办提供的资料中汲取经验，形成理论指导实践、实践完善理论的模式，提升理论研究水平。
2016年7月	行动研究法 个案研究	1.收集材料，构建依托南朗当地资源的综合实践活动课程纲要。 2.从本地、本校出发，选择学生感兴趣的内容设计子课题。
2016年8月	行动研究法 个案研究	1.为课题研究提供有力资源和可供操作的一手资料。 2.探索如何将南朗文化融入综合实践活动课程，不断提炼、优化研究资料，进行阶段性总结和中期评估，在过程中总结成果。
2017年6月	行动研究法 文献研究法	根据综合活动主题体系，分年段循序渐进地开展综合实践活动；年级活动、班级活动、小组活动、个人活动四个层面相结合，不断修正、创新活动主题。

（续上表）

研究时间	研究方法	研究内容
2017年11月	调查法（问卷、调查）	1.在三至六年级学生中抽样，进行问卷调查。 2.在三至六年级学生中抽样，进行访谈。 3.对执教学校课程的教师进行访谈。
2017年12月	文献法 个案研究	1.对学习资源进行选择、整合、改造，形成一系列具有南朗文化特色的综合实践活动主题，编写校本特色课程。 2.收集、汇总研究资料，整理研究成果，撰写结题报告。

四、学校课程评价方案

（一）学生评价

1.注重过程：具体操作时，教师可以采用即时评语的方式，记录学生在综合实践活动过程中的行为、情绪情感、参与程度、努力程度等，并将其作为评价标准。

2.尊重多元：我们鼓励、尊重学生极富个性的自我表达方式，并会通过讨论、协商、交流等方式引导学生进行自我评价、相互评价。

3.注意反思：通过调动学生的认识和情感，激励他们自觉记录活动过程（特别是重要的细节）、积极讨论问题，引导他们学会分享成果，主动反思、审视利弊得失，逐步完善行动、拓宽视野，达到自我反思、自我改进的目的。

（二）教师评价

1.深刻领会综合实践活动的实质，以负责的态度参与课程实践。

2.不断完善和更新自己的知识结构以应对学生广泛的知识需求。

3.发展规划、组织、管理、指导、合作等能力。

（三）学校课程评价

1.课程评价：通过问卷调查及访谈，考察学校课程的基本情况。

2.学生学习情况评价：一是课程评价，收集综合实践活动的实践表格和成果展示，进行研究、分析。二是教师观察记录，由教师观察、记录学生在日常生活中的情感、态度、能力、价值观及行为等。

"责任教育"课程体系的建构与实践

◎ 课题组成员　同安小学　黄炎有

一、学校简介

同安小学位于有"中国小家电产业基地"之称的中山市东凤镇。学校创办于 1930 年秋，初名"德华学堂"。随着时间推移，学校先后更名为"大坳小学""凤仪乡第三中心小学""钢铁小学"，1956 年更名为"同安小学"。

同安小学建校 80 多年，历任校长、教师及各级领导、社会各界热心人士为学校的发展不断注入新能量。他们以博爱、担当、无私奉献的精神丰盈着同安小学的教育内涵。我校紧紧围绕"依法治校、质量立校、科研兴校、师德强校"的办学思路，确立了"乐学善思、敢于担当"的办学理念，将求知与育德相结合、责任与奉献相结合、全面发展与个性特长相结合，着力全面提高师生思想道德素质，共同打造师生快乐成长的幸福乐园。

二、办学理念高屋建瓴

《国家中长期教育改革和发展规划纲要（2010—2020 年）》提出，为每一个学生提供适合的教育。在我们看来，提供适合学生发展的教育，其实质就是提供适合学生发展的课程。如果没有课程作支撑，再好的理念也只是空中之阁、水中之花、镜中之月。

多年来，我们始终把"办好一所学校、规划一段历程、造就一批英才"作为前进航标，并将此作为教育者的责任追求。在这个过程中，我们越发清楚地看到，"责任教育"无处不在，学校教育更应该立足中国学生发展的核心素养。我们要帮助学生逐步形成正确的世界观、人生观、价值观，不断从文化上熏陶人、行为上激励人，培养出具有社会责任感的人。为此，学校将"乐学、善思、扬长、担当、奉献"作为培养目标，并确立了"乐学善思、敢于担当"的办学理念。

"乐学善思、敢于担当"不仅是一种人生态度，更是一种思想追求。它的内涵既包括中华民族好学、勤思、创新、进取之优良传统，更秉承了"中华之骨、英雄之志"的社会责任和教育理念，能够为师生树立正确的三观指明方向。我们真诚希望在社会各界人士的关心帮助下，在学校良好的育人环境中，师生能快乐学习、健康成长、勤思苦练、追求上进，求真知、学做人，成为勇于担当、乐于奉献、敢为人先的开拓者。

三、课程思想指引方向

近年来，同安小学的办学思想逐渐成熟。一方面，我们注重深入贯彻落实国家统一性、规范性课程教育；另一方面，我们致力探索可持续发展的学校课程、特色课程。

我们根据"乐学善思、敢于担当"的办学理念，确立了以"责任育人"为主旨，以"提升学生核心素养"为基础的"责任教育"课程体系。通过设置扬善课程、扬美课程、扬智课程、扬长课程，将品德教育、习惯培养、学科教学、课程开发、社团活动有机结合，使学生学会做人、学会生活、学会求知、学会发展。

其次，我们以"三善二乐一担当"为指引，深化推进课程改革。所谓"三善二乐一担当"，指的是善待生命、善施其行、善展其才，教师乐教、学生乐学，把学生的个人成长成才与家国情怀、民族伟大复兴紧密相连，培养学生成为值得信赖、有责任敢担当、能干事、干成事的新时代公民。

再次，我们注重采用显性教育与隐性教育相结合的办法，将责任教育有机融入综合性课程开发。将基础教学与学校课程相结合、社团文化建设与特色品牌教育相结合，打造办学亮点、全面促进学校发展。

图2 "责任教育"课程体系总图谱

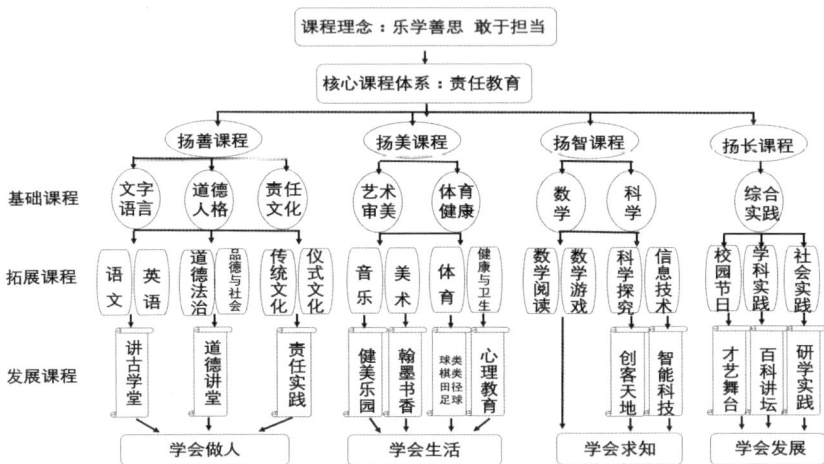

四、责任教育落地生花

为了全面实现育人目标，我们孜孜不倦地探索课程改革方案，以五个层面、四种文化、三条主线、两大特色、一个中心为抓手，积极推行责任教育。

（一）五个层面定格局

中华几千年文明史中，有责任感的仁人志士不胜枚举。从范仲淹的"先天下之忧而忧，后天下之乐而乐"到顾炎武的"天下兴亡，匹夫有责"，从大禹治水到孙中山的"天下为公"，无不体现出强烈的社会责任感和无私的奉献精神，令人敬佩，更催人奋进。

现今，许多孩子家庭环境优越，是父母长辈的掌上明珠，过着"衣来伸手、饭来张口"的生活。然而，这种"宠爱"会让孩子变得"无能"，以自我为中心，缺乏家庭责任感、社会责任感，不知孝道、不懂感恩。21世纪是人与人之间合作共享的关键时期，在新的历史形势下，只有具备高度责任感的人才能主动承担起家庭、社会赋予的责任，才能努力工作，建设家园，报效祖国。

小学阶段，学生的独立意识、自我意识发展迅速，这一阶段的责任教育尤为重要。为此，我们从"对自己负责，奠基人生""对他人负责，学会合作""对家庭负责，懂得感恩""对集体负责，学会担当""对社会负责，满怀正义"等五个层面全方位、多维度开展责任教育。

（二）四种文化提意识

责任教育是通过一定的教育内容、途径、方法，培养责任主体的责任素质，以确保其对承担的职责、任务和使命加以执行，并履行其应尽的义务。

责任担当是中国学生发展的六大核心素养之一。我们在"乐学善思、敢于担当"的办学理念指引下，从学校的文化氛围、课程设置、活动载体等方面入手，努力培养师生的责任意志和信念，使师生坚定地履行责任义务，时时处处尽职尽责，不断提升自身的综合实力。

1. 教师文化引领人

教师作为学校工作的核心力量，不但要有效贯彻落实国家课程、地方课程，更要承担起教育改革与创新适度融合的重任。为此，我们着力打造教师的三种责任意识：一是岗位责任，爱岗敬业，善学乐教；二是社会责任，培育学生，引导学生；三是国家责任，百年大计，教育为本。

一方面，我们通过开展"我的学生我负责，我的课堂我负责""我的班级我负责，我的学校我负责"等系列主题活动，不断推进"做负责任的教师，让教育成就幸福"等培训工作。另一方面，我们以培养研究型教师为目标，铺设名师成长阶梯，形成以名师为龙头、骨干教师为中坚、教师素质全面提高为根基的梯形师资优化结构。通过外派教师参加研修学习、聘请专家到校讲学、培训骨干教师、青年教师课堂大赛等活动，为教师提升教学水平创造平台。我们还探索出"主题式教研""活动式教研""学科教研组教研"等多种教研模式，让教师立足课程、扎根课堂、深入教育科研。促使教师由"传授型"转为"引导型"，由"单一型"转为"全能型"，由"经验型"转为"研究型"，从而增强教师的竞争意识、责任意识、发展意识、创新意识、服务意识，激发教师的工作热情，加快课程改革步伐。

2. 环境文化陶冶人

孟母三迁皆为养——养品养性也。我们以"乐学善思、敢于担当"作为办学理念，注重将"对自己负责、对他人负责、对集体负责、对社会负责"的文化精髓渗透到校园的每个角落。

首先，我们紧扣责任教育这一主题，建立了"修身明责任、敬业守责任、乐学担责任、善思酿责任、奉献彰责任"五位一体的楼层文化，做到一层一主题、一层一亮点。如教学楼一楼大堂以"修身明责任"作为主题，设立了修身学堂、责任明镜、阅读书吧、快乐小舞台等学习互动平台。其次，校园各个角落悬挂的牌匾上都有与"责任"相关的格言，对普及典故、让责任意识深入人心起到很大作用。再次，我们巧妙布局各楼层、功能室，营造良好的文化氛围，使每一寸土地成为生长责任的沃土，每一块墙壁成为承载责任的平台。时刻提醒师生从身边点滴小事做起，学会对自己负责、对他人负责、对社会负责。

3. 课程文化培育人

课堂教育具有"滴水穿石"的作用，因此，我们把责任教育的主阵地定在课堂。我们注重引导每位教师履行好自己的义务，在课堂教学中，潜移默化地培养学生的责任意识，引领学生养成良好的学习习惯和行为习惯。让他们认识到，这既是对自己负责，也是对他人、对集体、对社会负责。

（1）基础课程普及责任

学习基础课程是最实在、最重要的课程任务。我们关注课程的整体育人功能，加强学科内部、各学科间的联系，大胆尝试整合课程，使责任教育课程落地生根。通过横向整合和纵向整合的方式，将安全健康、环境保护、服务奉献等责任意识融入课程规划与教学。教师还会利用班队课、思品课、综合实践课等将责任意识教育落到实处，让学生通过角色扮演、小组讨论、主题演讲等形式的锻炼，提升责任意识、强化责任信念。

此外，我们通过课程的二次开发打破学科壁垒，有效整合不同学科的课程资源，开展创造性课程教学。例如，我们将音乐舞蹈、美术绘画、戏剧表演有机融入足球体育教学，形成自编足球操、创编足球舞、巧演足球剧、彩绘足球梦等创新课程，全面发展学生的核心素养及关键能力。

（2）拓展课程提升责任

我们围绕"对自己负责、对他人负责、对集体负责、对社会负责"的理念，开发了学校课程——责任伴我成长。各个年级根据不同的学习目标和任务，开展了丰富多彩的主题活动，比如"学会关爱、对他人负责""学会合作，对集体负责""学会感恩，对社会负责"等，不断强化、提升学生的责任意识。

（3）发展课程深化责任

近年来，我校将责任教育贯穿各种社团文化活动，引领学生发展特长。目前，学校共有近20个社团，种类丰富，涉及体育、美术、音乐、书法、语言等。社团的辅导老师会根据学生的兴趣爱好因材施教，不断激发学生潜能，争取让每个学生都有一技之长。

我们根据学校发展需要，将科技、足球这两大项目与责任教育相结合，开展如"小创客大制作""智能化科技活动"等教育活动，帮助学生养成善于思考、敢于实践、积极创新的良好品质，进一步培养学生的责任意识与爱国情怀。

4.活动文化丰盈人

教育源于生活，又服务于生活。

通过实践活动的锻炼，师生能更好地将责任教育内化为自身需求，从而丰盈自身的道德气质和人格魅力。

常规教育活动中，学校牢牢抓住节日线、仪式线、明星线这三大载体，形成三线同步教育。

图3 三线同步教育

三大载体

节日线　　仪式线　　明星线

（1）节日线

读书节、艺术节、科技节、体育节，这四大特色节日是我校的常规活动。学生通过参与各种主题节日，可以实现"我们的节日我做主"。

（2）仪式线

开笔仪式、升旗仪式、毕业仪式，这三大仪式是同安小学最重要的仪式活动。开笔仪式和毕业仪式分别在学生入学和毕业时举办，寓意有始有终。每年开学时，我们有"跨入学门""点朱明志""开笔写'人'"等充满仪式感的环节；在"感恩母校伴我成长"的毕业典礼上，学生需要行尊师礼、道感恩情；日常举行的主题升旗活动可以培养学生感恩先烈、爱国爱党之情。

（3）明星线

结合责任教育理念，我们实行责任之星、阅读之星、体艺之星、校园最美之星等评比活动。所有"明星"都要通过班里自荐、年级竞选、学校投票等环节的考验，最终当选者需要分享个人先进事迹，并履行校园明星的岗位职责。这种评比活动，可以让学生进一步明确自身的责任担当，形成人人有事做、事事有人管的良好局面。

五、责任教育且思且行

经过这几年的课程体系建构与实践的改革，我们发现"责任教育"是一个系统又复杂的课程体系，它不仅承载着传承学校办学理念的重任，还促进了教学课程改革的多元发展。因此，在课程改革中，校长必须理念先行，摆正领导地位，对国家的教育方针、政策，学校的办学理念及社会人才需求有深刻的认识和理解，充分整合人力资源、物力资源、财力资源，制订完善的发展目标，落实具体的改革方案，用理念统领课程，用科研推进课程，使课程改革在萌芽、设计、实施的每个阶段，都有"大课程观"及人才发展战略为指引。

近几年来，我校在推进"扬善、扬美、扬智、扬长"的责任教育课程体系发展时，培养许多学生形成了高尚的精神品格、确立了远大的理想抱负，帮助教师强化责任担当，进一步提高专业素养。在师生共同努力下，学校获得了"中山市德育示范学校""中山市文明校园""广东省校园足球推广学校""全国青少年校园足球特色学校"等荣誉称号。

课程改革之路任重道远。我们将继续以"责任育人"为主旨，以新形势下课程整合为目标，以提升学生的核心素养为落脚点，不断开发鲜活灵动的多元化课程，让孩子拥抱绚丽多彩的人生。

博凯小学的课程体系建构及实施策略

◎ 课题主持人　博凯小学　周锦连

博凯小学座落在凯茵又一城，隶属火炬开发区最新成立的博凯社区。早在规划之初，火炬开发区党工委就对博凯小学作出了高瞻远瞩的定位：办成火炬开发区，乃至中山市的优质公办小学。

为了顺应时代发展，创建品牌学校，博凯小学需要不断完善学校文化建设，改善教学育人环境。因此，我们必须精准定位学校文化，提升办学品位，打造特色文化品牌。

博凯小学按照《国家中长期教育改革和发展规划纲要（2010—2020年）》的精神，充分挖掘独特的文化资源，经过深入调研与论证后，提炼出"博凯教育"的特色主题文化定位。

我校依照"博凯教育"的核心理念，按照《中山市中小学学校文化建设示范校评估指标体系》的相关要求，从发展现状、选择缘由、内涵阐释、理念系统、操作系统等五大模块入手，着力构建学校特色文化价值体系，努力打造"一校一品、一校一特"的品牌学校文化。

一、学校发展现状

中山市是广东"四小虎"之一，经济发展稳健，文化事业繁荣兴旺，被评为"广东省教育强市"。随着二胎政策的实行，适龄儿童迎来新一轮的增长高峰。为了应对人口增长带来的教育问题，增加教育资源，《中山市公办中小学建设计划（2017—2020年）》明确提出，到2020年将新建、扩建107所义务教育阶段公办中小学，增加学位11.7万个。在这样的背景下，博凯小学应运而生。

博凯小学从创办之初就备受瞩目，目标是将其打造成一所高品位、高素质的公办学校。我校在提炼核心教育理念、明确文化定位时，从文化品位、人文精神、师生气质、特色课程等方面慎重考量，制订了适合博凯小学发展的长远规划。

二、"博凯课程"的选择缘由

（一）博凯社区与"博凯课程"

博凯社区是火炬开发区新成立的优质社区，下辖凯茵新城、凯茵又一城、保利林语、万科柏悦湾、永怡聚豪园等五个物业小区。

博凯社区依山傍水、环境清雅，作为中山市重要的高新技术产业承接基地，它的文化因子与中山地方文化、火炬精神紧密相连。"博凯教育"这一特色主题文化定位，与博凯社区的地理位置和文化环境存在千丝万缕的联系。

1. "博凯课程"与香山文化

香山文化在地缘上是指包括今天的中山、珠海、澳门在内的地域文化。它在本质上集中体现了岭南文化中粤、闽、客三大民系的文化特征，是中原文化、土著文化、西洋文化、南洋文化相互碰撞和不断融合的产物，是岭南文化的重要组成部分。

香山文化包括方言文化、商业文化、华侨文化、民俗文化、洋务文化、名人文化和思想文化等。在发展和传承中，香山文化形成了传承性、包容性、先导性、民生性、创新性和开放性等文化特点。在价值取向上表现为崇文尚武、顺应自然和重商传统。在文化精神上表现为坚守正统与开放创新、趋利务实与热情浪漫、刚勇好强与文质彬彬、科学理性与人文精神等对立又统一的精神品格。

"博凯教育"应从博大精深的香山文化中汲取优秀的文化基因，将香山文化渗透进学校的办学思想、教育管理、文化建设，以此丰厚博凯小学的文化底蕴和人文精神。

2. "博凯课程"与中山精神

"博爱、创新、包容、和谐"的新时期中山人精神，是香山传统文化与时代精神相融合的结晶，是香山文化的现代传承。

博爱是中山市宝贵的精神元素，它是热爱、建设家园和祖国的民族精神之凝聚，既有传承性，又有时代性。创新是流淌在中山人血液中的活性因素。包容是建立在自信基础上的一种开放的文化心态，包容精神符合现代社会开放、开明、接纳、多元的价值取向。和谐是中山人不懈的追求，"人和则善,自然和则美"。

"博凯教育"以博爱精神为立校之本,努力营造创新、包容、和谐的校园氛围,让师生在轻松、自由的环境里感受幸福、不断成长。

3. "博凯课程"与"火炬"

火炬,又称火把,是一种用来照明和传送火的工具。传统意义上,火炬象征着光明、启蒙。

希腊神话中,火是奥林匹斯十二主神之一赫菲斯托斯的神圣象征,是普罗米修斯不惜违抗众神之王宙斯也要赠送给人类的礼物。现代奥林匹克运动会的圣火点燃仪式与古希腊相同,由女祭司在奥林匹亚点燃,同时宣读运动员誓言,随后圣火被交由火炬手进行传递。

"博凯教育"的内涵是体验成长、传递能量,这与火炬象征的"光明、传承"的寓意非常吻合。博凯小学以火炬为物化的文化形象载体,设计带有火炬元素的校徽,贴切表达了"博凯教育"的核心理念。

(二)博凯小学与"博凯课程"

1. 地理优势

博凯小学坐落于交通枢纽地段,区位优势明显,是办学的风水宝地。博凯小学广泛吸纳了博凯社区及周边的优质生源,家长、学生的整体素质较高,这是我校对内发展教育、对外辐射文化的一大优势。

2. 发展愿景

火炬开发区是中山市首个省级教育强区,教育事业发展迅速,中小学数量可观。博凯小学要从众多学校中脱颖而出,成为火炬开发区的一张教育名片,成为中山市、广东省,乃至全国的品牌学校,这是学校未来发展的宏远愿景。

3.办学主张

为了顺利创建博凯小学,火炬开发区成立以周锦连校长和教育体育局相关领导为核心的学校建设筹备项目组,并招募了一批高素质、经验丰富的优秀教师。博凯小学现任校长周锦连是中山市南朗镇人,自1986年执教起,周校长从事教育工作三十余年,在校长岗位任职二十余年,教学管理经验丰富,工作态度认真尽责。在周校长带领下,校建项目组大胆设想、小心规划、反复论证,确定了"以孩子丰富多彩的幸福童年为本"的办学理念。

博凯小学以"博凯教育"为核心,以教师发展为前提,以学生发展为目标,以学校发展为保障,深度挖掘教育内涵,全面提升学生的品德、文化、体质、心理等综合素养,培养有益学生终身发展的品格和能力,尤其是公民意识、现代素质和创新精神。我们致力于打造一所书香四溢、温馨雅致的特色品牌学校,帮助学生成为"博爱成人、博学成才、博雅成美"的阳光少年。

4.校名寓意

博凯小学的校名含有丰富的精神内涵和文化寓意。

(1)"博"字的文化内涵

《说文解字》中介绍:"博,大通也,从十从尃。"意为精通、广大。中华语言博大精深,"博"字在不同语境中的含义解释不尽相同。比如:"博"既可作动词,同"搏",指武力拼杀、捆绑俘虏;也指赢得、获得、取得。"博"可作名词,指竹制的游戏棋具。还可作形容词,指大量的、众多的、宽广的。

博凯小学的"博"字,从地理位置而言,学校地处交通枢纽,周边道路四通八达,取博爱、博学、博雅、全面发展之意;从培养人才的方法而言，取博览群书、博采众长之意；从学生的成长目标而言，取博古通今、博学多才之意。

（2）"凯"字的文化内涵

"凯"字为会意字，从岂，从几。"岂"指"鳞片状"。"几"指食案，即带矮脚的木板，用以摆放盛满饭菜的碗碟。"岂"与"几"连起来表示"鳞片状的食案"。《孟子·梁惠王上》云："以万乘之国伐万乘之国，箪食壶浆以迎王师，岂有他哉！"意为国人举着密密麻麻的食案，列队迎接得胜回国的王师，犒劳军队。

"凯"字可作名词，指军队得胜所奏的乐曲。也可作形容词，指欢乐、安乐。还可作动词，指杀、斩。

博凯小学的"凯"字，取"胜利之歌"之意，与火炬精神的内涵有异曲同工之妙。《国风·邶风·凯风》中写道："凯风自南，吹彼棘心。"因此，"凯"字也有"成人、成才、成美"的深刻含义。

"博凯"二字，寓意"博学多才，凯风徐来"。我们将承担起教书育人的重任，在科教兴国的道路上为国育才，为党和人民的教育事业不懈奋斗。

三、"博凯课程"的内涵阐释

（一）"博凯课程"释义

博凯教育，是"博学多才，凯风徐来"的教育。"博"指博爱、博学、博雅，"凯"指成人、成才、成美。博凯教育以孩子丰富多彩的幸福童年为本，以博爱的精神教化孩子成长成人，以博学的知识培养孩子成功成才，以博雅的情趣塑造孩子审美成美。我们希望通过自然温和的教育方式，培养德、智、体、美全面发展的人才。

（二）"博凯课程"内涵

博凯教育的内涵主要体现在以下三方面。

1. 成人：博凯教育是融爱于心的性情化教育

教育者用爱心育人，用性情塑造人的品格，净化人的心灵，激励人的进步。博凯小学在社会主义核心价值观的指导下，以"博爱"为德育理念，结合香山文化和中山精神，鼓励师生之间传递真情，让心灵靠近心灵，用生命影响生命。

2. 成才：博凯教育是呵护成长的个性化教育

每个学生都有自己独特的个性特点。教育的目标是呵护人成长、培育人成才。我们要尊重孩子的个性差异，因材施教，帮助他们在成长的过程中充分张扬个性，充分发挥才能。

3. 成美：博凯教育是和谐雅致的多样化教育

好的教育，是用心发现孩子的闪光点。博凯小学从单一的"知识传授"转向"提升核心素养"，重视全面、多元、均衡、健康的教育，鼓励学生在探索中实现多样性发展。

四、"博凯课程"的理念设计

（一）办学理念

1. 办学理念：以孩子丰富多彩的幸福童年为本。

2. 办学理念解读：

博凯小学坚持"以生为本"的教育理念，致力于为孩子提供幸福快乐的成长环境，让孩子在学习和生活中体验到生命的精彩，收获成长的喜悦。

从"成人"的角度看，幸福童年就是为学生创造一个充满爱的校园。

学校爱护学生、教师呵护学生、学生关爱学生，在校园、班级形成爱的能量场。以此帮助学生塑造高尚的品格，学习做人的原则和道理。

从"成才"的角度看，丰富的人生就是拼搏的人生。每个学生都有自己的人生梦想和目标。作为教育者，我们要呵护孩子的梦想，为他们的梦想插上翅膀，让他们在学习中发挥个性和潜能。

从"成美"的角度看，多彩的生活就是对美的向往。在孩子眼里，花草树木都很美丽，鸟兽虫鱼都会说话。作为教育者，我们要让孩子在学习中发现生活的精彩，感受世界的美好。

（二）培养目标

1. 培养目标：培养博爱成人、博学成才、博雅成美的一代新人。

2. 培养目标解读：

博凯小学是一所高起点、高素质、高要求的公办小学，学校的培养目标要围绕"博凯教育"的核心理念："博"——博爱、博学、博雅，"凯"——成人、成才、成美，让孩子收获丰富多彩的幸福童年。

（三）办学特色

1. 办学特色：博凯教育特色课程。

2. 办学特色解读：

博凯小学以"博凯教育"核心理念为基础，规划构建的特色课程主要分为博爱成人（品格塑造）、博学成才（学习培养）、博雅成美（习惯养成）等三个维度。

品格塑造上，博凯小学以"博爱成人"为依据构建德育课程。通过开发有关香山文化、中山精神的校本教材，组织学生参加"慈善万人行"等志愿活动，让他们学会感恩、关爱，以及帮助他人。

学习培养上，博凯小学以"博学成才"为依据构建智育课程。通过开发有关阅读、书法的校本教材，开展丰富多彩的书香文化节、书法文化节等活动，让孩子从小养成热爱阅读和写作的习惯，培养学生的自主学习能力，成为全面发展的优秀人才。

习惯养成上，博凯小学以"博雅成美"为依据构建美育课程。通过开设礼仪、音乐、美术、体育、舞蹈等课程，帮助学生养成美言美行的好习惯，培育他们的艺术气质和审美能力，让他们在美的环境中接受美的熏陶，变得越来越健康、自信、阳光。

（四）理念文化

1. 校训：博学多才，凯风徐来

校训是一个学校全体师生推崇的基本行为准则与道德规范，是校园文化的指引方向。博凯小学以"博凯教育"为核心理念，就是要打造"博学多才、凯风徐来"的教育。

"博学多才"出自《中庸》的"博学之，审问之，慎思之，明辨之，笃行之"，指的是要广博地学习，对学问详细钻研、慎重思考、明白辨别、切实力行。以此为训，期冀我校师生成为博览群书、多才多艺的有用之材。

"凯风徐来"出自《诗经》的"凯风自南，吹彼棘心。棘心夭夭，母氏劬劳"，诗词中将母亲的抚育比作温暖的南风，辛勤哺育孩子成长。博凯小学鼓励教师关心学生就像爱护自己的孩子一样，让学生在春风化雨的环境中茁壮成长。

2. 校风：博爱，博学，博雅

校风是一所学校精气神的真实写照。博凯小学的校风是"博爱、博学、博雅"，这与学校的培养目标完全契合。

博爱，与战国时期墨子提倡的"兼爱"有异曲同工之妙。《墨子》中提到"夫爱人者，人必从而爱之"，说的是要教人广博地爱、平等地爱、没有等级差别地爱。反映在学校里，就是师生之间的关爱、学生之间的友爱、老师之间的互爱。

博学，出自《论语·子罕》中的"大哉孔子！博学而无所成名"，说的是一个人学识渊博、知识丰富。博凯小学非常重视营造良好的学习氛围，在每层教学楼都设有图书阅览室，帮助学生从小养成博览群书的习惯，开阔国际视野，陶冶高尚情操。

博雅，出自《后汉书·杜林传》的"博雅多通，称为任职相"，说的是一个人学识渊博、品行端正。在博凯小学营造的良好人文环境中，教师更加博学儒雅，孩子更加知书达理。

3. 教风：温和，博引

教风是教师教学作风、精神面貌的反映。好的教育应该是温和的、有耐心的、尊重师生成长规律的。

温和，出自《逸周书·官人》的"心气宽柔者，其声温和"，指性情、态度、言语不严厉，不粗暴，使人感到亲切。博引，出自《淞隐漫录》的"生数典已穷；而女博引旁征；滔滔不竭"，指广泛地引证。

博凯小学要求教师具有广博的学识和丰富的生活阅历，在日常教学时博采众长，不断提高自身素质，更新教育理念，锤炼教育艺术。同时注意尊重学生的个体差异，细心耐心地教育学生。这样才能培养出乐观坚强、充满勇气、全面发展的综合型人才。

4. 学风：快乐，拼搏

学风是指学生在校学习生活的状态表现。

快乐，是一种幸福、满意或舒适的精神感受。德国哲学家康德认为："快乐是我们的需求得到了满足。"博凯小学希望为学生创造轻松、自由的学习环境，让学生每天都能收获快乐与幸福。

拼搏，指尽自己的最大努力实现目标。马克思说："科学上没有平坦的大道，只有不畏劳苦沿着陡峭山路攀登的人，才有希望达到光辉的顶点。"博凯小学鼓励学生竞争拼搏，不断完善自我、超越自我。

五、"博凯课程"主题文化创建

（一）推行"凯风"管理

博凯小学的管理理念，是"凯风自南"的温和教育，遵循"刚性制度，柔性管理"的原则，需要学校领导悉心关怀一线教师，教师耐心关爱学生。这种真情的层层传递，有助于建设更好的校园氛围。

"柔性管理"并不意味着放松要求，我们要抓住学生成长的关键期，把握其内在的秩序和规律，给学生留有充分的发展空间，让他们感受到幸福、快乐、满足。

（二）践行"博爱"德育

学校践行的"博爱"德育理念，指的是"融爱于心，博爱成人"的性情教育。我们希望用爱浇灌孩子的心田，形成教师与学生互敬互爱的良好风气。

我校结合"慈善万人行"和红十字会志愿项目等活动，开展"感恩、慈善"为主题的德育活动。我们还结合孙中山精神进行爱国主义教育，宣扬孙中山先生的博爱精神。这些活动可以帮助广大师生提高自身的人文素质和品德修养。

（三）构建"博学"课程

课程构建是学校主题文化落地执行的关键环节。我校结合"博凯教育"核心理念开发了如下特色课程。

"博爱成人"课程：为了陶冶师生的道德情操，培养学生独立、感恩的高尚品质，我校开发了《凯风自南》《经典国学》《慈善万人行》等特色校本教材，以推进德育建设。

"博学成才"课程：为了激发学生的学习兴趣和探索未知的勇气，让学生在自由、开放、合作的环境里学习科学文化知识，提高文化素养，我校开发了《快乐阅读》《神奇创客》《趣味数学》等特色校本教材，以推进智育建设。

"博雅成美"课程：为了丰富学生的课外生活，拓展其视野，培养多才多艺的高素质人才，我校开发了《翰墨书香》《丹青妙笔》《艺术童年》《阳光体育》等特色校本教材，以推进美育建设。

（四）实施"博引"教学

博引，意为"旁征博引，融会贯通"。为了打造一支高素质、强实力、精业务、精服务的教师队伍，我校从五湖四海招募英才，并启动"青蓝工程"，计划通过"名师带高徒"的方式培养年轻教师，为教师队伍注入新鲜血液。

教学过程中，教师要博采众长，提供开放式的解题思路，鼓励学生多思考，从不同角度看待问题、解决问题、敢于质疑、勇于探索，从而提高解决问题的能力。

生活中，教师也要保持开明的态度，允许学生犯错误，帮助学生在"不断的试错"中成长。人生没有标准答案，只有自己用心观察、实践，才能找到适合自己的人生道路。

（五）打造"博雅"校园

"博雅"是"博凯教育"的核心理念之一，围绕此理念，我校从"博文""雅艺"两个主题出发打造特色校园文化环境。

"博文"：主要从"书香阅读""经典国学""趣味数学""科技智慧"等主题进行规划，增加雕塑、景观小品、小溪流、宣传栏、读书角等，让校园充满书香人文气息。

"雅艺"：主要从"翰墨书法""丹青妙笔""阳光体育"等主题进行规划，增加浮雕、景观小品、文化长廊等，让校园充满生态艺术气息。

博凯小学通过打造特色校园文化环境，塑造师生共同的价值观念和文化品格，也进一步深化了学校的文化内涵。

开发区第四小学课程体系建构及实施策略

◎ 课题组成员　开发区第四小学　谢志斌

一、学校简介

开发区第四小学原名陵岗小学，创建于 1998 年 9 月，由原陵岗小学、五星小学、窈窕小学三所小学合并并更名而成。学校位于火炬开发区陵岗小区，目前有 22 个教学班，在校学生逾千人，在职教师 52 人，外聘有武术教练、柔道教练、民乐教师等。超过半数教师具有中级以上职称，教师学历达标率 100%。

近年来，学校扎实推进素质教育，教育科研氛围浓厚，办学水平不断提高。我校曾获"广东省绿色学校""中山市师德建设先进单位""中山市体育传统项目(柔道)学校""中山市非物质文化遗产东乡民歌传承基地""火炬开发区素质教育目标管理先进单位""火炬开发区教育宣传工作先进单位"等荣誉称号。

二、学校课程规划的依据

（一）学校的理念体系

1.办学理念

开发区第四小学以"爱心守望、智慧启迪、幸福教育"为办学理念，是我校全体教师精神向往、理想追求、教育信仰的抽象概括。

2.办学思路

我校以"内修品质、外树形象、彰显个性、凸显特色"为办学思路。

3.办学特色

我校确立了"活力艺体、文化育人"的办学特色，以促进生命健康、快乐、和谐、幸福为使命，积极创造条件满足孩子个性化发展的需求。

我们要坚持传承、创新与发展学校文化,让孩子感受文化的熏陶和滋养。同时，让校园充满诗意与活力，成为学生幸福成长的温馨港湾，将快乐还给学生，帮助他们健康成长。

4.办学目标

我校以"三园建设"（绿色书香校园、智慧成长乐园、幸福和美家园）为目标，致力让校园充满绿色、溢满书香、充满智慧，让师生在阳光下幸福成长。

5.育人目标

我校的育人目标是，培育具有"乐学、善思、自主、创新"四大核心能力的"四小特质"学生，帮助学生快乐成长、全面发展，为他们未来的幸福人生奠基。

（二）学生的课程需求

经过多年的探索实践，我们发现学生喜欢的课程多以培养兴趣爱好、发展个性特长为主，例如民乐、武术、美术、科普等。这一发现为我校打造办学特色奠定了坚实基础。

（三）课程资源分析

一方面，我校充分结合实际盘活内部资源，做到人尽其才、物尽其用。另一方面，我们本着"不为我所有，但为我所用"的原则，通过申请专项经费等方式，借助外部力量及资源丰富本校课程。

图4 课程开发框架

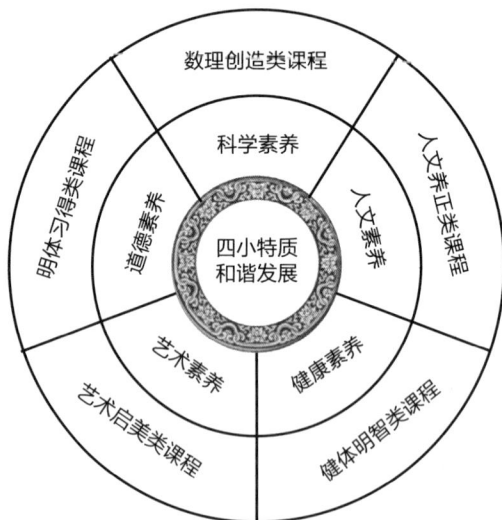

图5 开发区第四小学以学生"五大"核心素养为核心的课程设置图

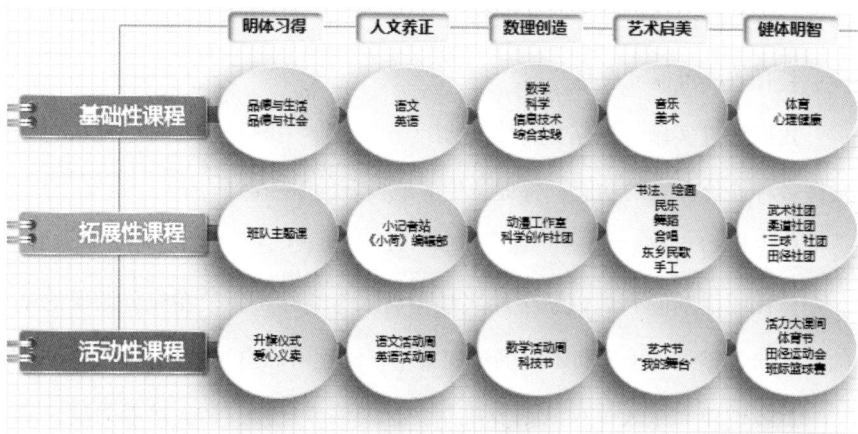

三、课程实施

（一）基础性课程

1. 按照标准编写课程纲要

在认真解读、领会中山市课程建设方案的基础上，我校教师结合各学科要求与学生实际，按照标准编写课程纲要。

2. 落实培养目标

我校教师以优化教学资源、教学流程为抓手，采用集体备课、资源共享的方式提高教学效能、落实培养目标。我们还尝试结合"网络积分激励制度"，采用"小组自主合作学习课堂教学模式"激发学生学习兴趣和主动性，培养他们的团队合作能力与精神。

3. 加强教学科研团队建设

我校以"研训一体"为主线，融合"教研""科研""培训"三条线，开展以问题为牵引的课题行动研究。争取用新理念促进教学行为的改进与提升，将教研组建设成学习共同体。

4. 有效评价保证质量

我们通过实施"网络积分激励制度"关注学生的日常学习过程，充分发挥多种评价方式的功能，督促学生养成良好的学习品质。

（二）拓展性课程

1. 社团活动的开展以学生的兴趣与需求为基础。我校在充分调研的基础上，向各年级学生发布不同的选课菜单，学生可以自主选择。

2. 我们建立了人才梯队培养机制，扩大培养规模、加大培养力度，避免出现青黄不接等问题。

3. 我们成立了一批符合办学特色的社团组织，如"阿卡贝拉人声乐团""梦之韵民乐艺术团""幸福花舞蹈社团"等，展现了学校体育艺术教育的丰硕成果，彰显了学生的青春活力。

（三）活动性课程

1. 通过丰富"快乐大课间""学科活动周"等课程的内涵与形式，进一步完善我校活动课程体系，使之成为学生舒展心灵、焕发活力的舞台。

2. 加强活动的宣传与推广。如充分利用学校微信公众平台、网络直播等方式宣传活动性课程，提升学校的知名度。

3. 重视家长资源在课程建设中的作用。加强家委会建设，充分发挥家委会的优势作用，使活动性课程实施更有保障。

四、校长在课程开发中的作用

（一）课程规划

课程规范是课程实施的前提条件。校长在课程活动中必须站在学校发展的战略高度策划课程，结合学校的办学理念、育人理念、办学特色、资源优势，科学规划学校课程。同时，校长应该有效统筹国家、地方、学校三级课程，确保落实国家课程、地方课程，推动开发、实施学校课程，为学生提供丰富多彩的课程资源。

（二）课程设置

课程是学校特色与内涵发展的核心领域，需要结合当地的历史文化、风土人情等进行规划设计，以便更好地传承文化、促进学生个性化发展。

因此，校长要领导教师合理设置各年级课程。除了处理好国家课程、地方课程与学校课程的关系，还应该结合学生的年龄特征、认知水平等情况，合理开设课程。

（三）开发课程资源

课程资源也称教学资源，是课程与教学信息的来源，课程资源是课程规划、开发与实施的基础。校长要从办学实际出发，引领教师共同挖掘、开发、利用课程资源，不断丰富课程内容，拓宽课程建设的视野。

（四）推进课程实施

校长的课程领导力只有转化为全体教师的执行力才能发挥最大效能。校长应该尽可能激发教师的工作热情，鼓励教师参与课程实施和管理，共同推进课程实施。

（五）课程评价

课程评价是教育评价的重要组成部分。校长的课程评价能力对课程实施起着引导、激励和调控作用。校长应通过对学校课程的实施、效能或潜在价值做出判断，进而不断完善课程体系，达到教育增值的效果。

（六）构建课程文化

课程文化是学校文化的主题和关键，是校园活动的精神产物，是一所学校办学特色和个性发展的集中体现，是学生主动学习过程中呈现出的特有的价值认同与价值追求。构建科学合理的课程文化具有重大的理论意义和现实意义。课程文化的核心是课程价值观，课程价值观与学校未来的发展方向有密切联系。

校长要正确把握国家教育方针、政策及社会发展趋势，确立学校的人才培养目标；要用正确的人才观规范、引导教师的教育教学行为；要把学校课程的价值取向有效转化为全体教师的共识和努力的方向，使课程文化成为展示学校独特形象，推动学校健康、可持续发展的巨大能源，促使学校文化品位的提升和战略目标的达成。

"书香校园课程树"体系的建构及实施策略

◎ 课题主持人　博凯小学　周锦连[①]

开发区第一小学原名张家边中心小学，是广东省一级小学，创办于1921年，是一所有着近百年历史的学校。学校现有教师约百人，其中包括国家级骨干教师、广东省特级教师、南粤优秀教师、中山市及火炬开发区学科带头人等一批优秀人才。

近十年来，开发区第一小学获得过"广东省安全文明校园""广东省书

---

① 周锦连校长于2002年9月至2018年8月在开发区第一小学任职，2018年9月至今在博凯小学任职。

香校园""广东省体育传统项目学校""中山市德育示范学校""广东省绿色学校"等荣誉称号。

一、课程缘起

（一）朴实教育理念引领学校课程文化

办学理念是学校的灵魂，它体现了学校办学的核心价值观，是办学顶层设计的基点。

开发区第一小学本着"把最朴实的教育还给最淳朴的孩子"这一办学理念，多年来坚持求实创新，精心培育书香文化，争创书香特色品牌学校，建设书香校园。

"把最朴实的教育还给最淳朴的孩子"这一办学理念的内涵主要体现在以下四个方面：一是坚持"教育重在养"的教育方式，润物细无声，不急功近利。二是重视对学生进行"仁、义、礼、智、信"的传统文化教育以及公民素养教育，促进学生全面发展，追求教育的真、善、美。三是坚持人性本善的观念，相信所有孩子都天性善良，都有纯朴的一面。四是帮助孩子养成好的阅读习惯，让他们受益终生。

基于以上四点，我们提出"文化管理""生活课堂""动静课程""教养德育""学习型家庭"等五种教学模式，确立"培养知书达理有教养的一代新人"这一育人目标，要求师生养成爱阅读、爱劳动、会健体、善思考、有礼貌的五大品质。

（二）课程设置决定学生素养

为了践行朴实教育这一理念，培养出拥有丰富的精神世界和高尚的修养情操的学生，我们将课程改革作为根本任务，不断开发多元、优质的课程，方便学生自主选择。认真梳理学校课程之后，我们提出建构"书香校园课程树"的课程体系。

二、"书香校园课程树"课程体系构想

（一）"书香校园课程树"课程体系

顾名思义，我们将"书香校园课程树"的课程体系比作一棵大树，将育人目标"培养知书达理有教养的一代新人"比作树根，将国家课程、地方课程和学校课程比作树干，将"德性课程""智慧课程""体健课程""美育课程""劳动课程"比作五根主树权，主树权上又有若干根小树权。

从小树苗长成大树，有五个必要条件。一是时间，所谓十年树木，百年树人，树苗长成大树需要时间，需要耐心等待。二是坚定目标，选好种树的地方后不能再挪动树苗，不能过分干扰或保护，而要顺木之性，让其经风霜、历雨雪。三是扎根，只有树根深深扎入地底，奠定牢固的根基，小树苗才可能长成参天大树。四是向上生长，树干要粗壮挺拔，树权要结实有力，枝叶要旺盛繁茂。五是向阳而生，争取吸收更多的阳光和养分。

唐宋八大家之一柳宗元曾作《种树郭橐驼传》。郭橐驼说，他种树种得好，是因为顺应了树木的生长天性，不过分妨碍或干预，树木的天性得以保全，才有可能长得高大茂盛。树木和树人是一样的道理，为了实现"培养知书达理有教养的一代新人"这个目标，我们也要遵循五个条件。一是时间，教育重在养，不能急功近利。二是明确方向，坚定目标，努力培养完整的人、全面的人，有教养的人。三是夯实基础。四是不断向上，激励学生好好学习、天天向上。五是传播正能量，培育身心健康、积极乐观的学生。

图6 "书香校园课程树"课程体系

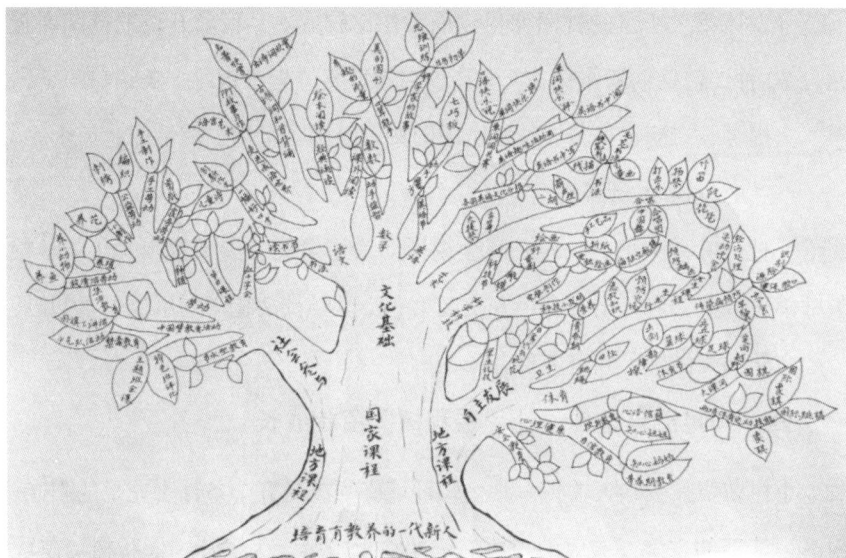

三、"书香校园课程树"课程体系实施构想

（一）国家课程、地方课程校本化、个性化

全面落实国家课程、地方课程，并结合本校特色，运用教师智慧对其进行整合、重组，进行创造性、个性化教学。

（二）学校课程普及化、个性化

开发区第一小学结合本校办学特色与理念，开发了红十字会课程、安全教育课程、礼仪课程、经典诵读课程、书法课程、口算能手课程、跳绳、跑步等近20种课程，尽量惠及每一位学生。

此外，学校每年还会举办科技节、体育节、英语节、艺术节等活动。学生可以充分参与，既能体验学习之外的乐趣，还有助于提高综合素养，丰富了校园生活。

（三）社团课程精品化

开发区第一小学的社团课程建设工作比较成熟，目前开设的社团课程超过30种，包括创新作文、儿童诗、名著欣赏、思维训练、英语口语、古筝、大提琴、二胡、扬琴、竹笛、中国舞、绘画、击剑、羽毛球、剪纸等。

（四）校园文化课程

一枝一叶总关情，一砖一瓦会说话。为了发展、传承校园文化，学校教师集思广益，制订出《火炬开发区第一小学学校文化策划纲要》，为开展校园文化课程做好了充足准备。

四、满足五点条件，让"课程树"茁壮成长

小树苗要长成参天大树，其生长环境必须满足五个条件：充足的阳光、雨露、清新的空气、健康的土壤、定期除虫施肥。为了让"课程树"茁壮成长，我们必须做好评价工作，建设好教师队伍，充分利用环境资源，借助专家指导，寻求家长支持。只有满足上述五点条件，才能将"书香校园课程树"这一课程体系发展得更加完善。

（一）做好评价工作

做好评价工作是推动课程体系发展的有效方法。开发区第一小学形成了"学校评价科组、科组评价教师"的评价体系，以调动教师积极性，激励他们努力工作。对教师进行评价时不能唯分数论、唯成绩论，参与课程改革、开发、任课的教师，要对其工作进行充分肯定、鼓励。对学生进行评价时要完整、全面，紧扣学校育人方向——做完整的、有教养的、全面发展的人，同时结合多元智能理论，进行多元化、个性化评价。

正所谓"乔木有乔木的挺拔，灌木有灌木的婆娑，小花有小花的优雅，

小草有小草的秀美，地衣有地衣的青翠"，每种植物都有自己的风姿，每个孩子都有闪光的一面。为了促进学生的多元发展、个性发展、快乐发展、自信发展，开发区第一小学会尊重、鼓励所有学生的个性爱好，还将学生评价体系比做一朵盛开的向日葵。

图7　学生评价体系

（二）建设教师队伍

为了提高教师队伍的整体素质，给课程建设提供有效保障。我们引导教师将课程开发作为一项科学研究和创造性活动，充分利用激励机制调动他们的工作积极性，同时加大对教师的培训力度，深挖他们的特长、专长，全面提升教师教育教学技能和学校管理水平，努力打造一支师德高尚、业务精湛的高素质教师队伍。

（三）充分利用环境资源

环境资源分为校内和校外。我们应该充分利用图书馆、功能室等校内资源，同时积极开发、利用博物馆、科技馆、名人纪念馆、文化艺术馆等校外资源。

（四）借助专家之力

借助来自中山市教育教学研究室、中山市教师进修学院等单位的专家学者之力，科学诊断、指导学校的课程建设。

（五）重视家庭之力

开发区第一小学重视家委会建设，充分利用家长资源，调动其积极性为学校的课程建设添砖加瓦。

五、校长的课程领导力

（一）自觉从课程管理向课程领导转变

领导课程教学是校长的重要专业要求。为适应我国当前基础教育课程改革的需要，校长不应仅仅是学校的行政管理者，更应是关注课程设计、课程开发、课程实施与评价，对整体课程与教学产生影响的教育领导者。

课程是学校的核心竞争力，开发课程就是开发学校的品牌，开发学校的未来。为了引领学校课程变革，提升办学品质，促进学生全面发展，校长必须实现从课程管理向课程领导的角色转型，有效加强对课程实施的管理，真正成为新课程的指导者与实施者。

（二）自觉提升课程领导力

1.加强教学专业知识学习，提高专业素养

课程领导是一项专业性很强的工作。如果校长时常为繁重的行政工作所困，没有时间精力钻研教学工作、参与教学实践、关注课改现状，就会导致其专业水平下降，教学管理工作出现问题。因此，作为校长，应当不断学习课程知识，参与学校课程规划与管理，走进课堂深入调研，时常反思总结经验。

2. 从学校育人目标出发构建课程

著名教育家苏霍姆林斯基说，校长领导学校，首先是教育思想的领导，其次才是行政的领导。

俗话说思想指挥行动，课程构建会受到校长办学理念和教育哲学的影响。校长需要站在学校育人目标的高度来规划、设计学校课程。只有制订出具体可行、实操性强，且符合当地特色、本校实际、学生需求的课程规划方案，才能获得师生、家长的支持，达到更好的效果。

3. 重视课程评价、课程特色

校长在推动课程实施时，必然会引入教学评价这一方法。评价标准与学校的育人目标、办学思想密不可分。学校特色的核心是课程特色，校长需要坚持以课程体系建设为抓手，促进学校内涵发展，打造鲜明的办学特色，提升核心竞争力。

4. 以教师队伍为主力，联合社区、家长资源

清华大学校长梅贻琦说："学校犹水也，师生犹鱼也，其行动犹游泳也，大鱼前导，小鱼尾随，是从游也。"校长好比大鱼，起着领头导向的作用，应当以身作则，带领教师队伍发展课程思想、规划实施学校课程。校长要给予教师一定的关注和支持，制订科学的教师专业发展规划，将学校的发展愿景与教师个人发展方向、发展特色有机结合，提高教师队伍的整

体素质。

同时，在课程的开发及实施过程中，我们要充分挖掘社区的资源优势，创造性地开发与利用身边的宝贵资源，争取学生家长的支持，开发出富有地方特色的优质课程。

第五章

▼　▼　▼　▼　▼

提升课程开发
领导力的对策与建议

办学思想与课程开发领导力

◎ 课题主持人　博凯小学　周锦连

一、什么是思想

"思想"一词最常见的解释有两种，一是客观存在反映在人的意识中经过思维活动而产生的结果。二是念头，想法。与"思想"相近的词语，如"理想"，表示美好的想象或希望，往往指向未来；如"思维"，表示认识活动的过程，"思想"是"思维"的结果；又如"信仰"，表示信奉的准则和思想信念。

按照心理学的发展规律，先有认识再有思想。人有了思想，形成自己的品德，认识——思维——思想——品德——信仰，这是一个不断循环、不断提升的过程，内在相互联系、相互作用。在不同思想的指导下，对待同一个问题，人们会做出不同的判断，采取不同的行动。

马克思说过："蜜蜂建筑蜂房的本领使人间许多建筑师感到惭愧。但是，最蹩脚的建筑师从一开始就比最灵巧的蜜蜂高明的地方，是他在用蜂蜡建筑蜂房以前，已经在自己的头脑中把它建成了。"可见思想非常重要，是人的灵魂。同样，在从教过程中，教学思想可以指挥课程开发领导力，有什么样的教学思想就有什么样的办学观、教学观、学生观、教师观、质量观……

思想指挥行动，要提升课程开发领导力，必须以正确、先进的办学思想为指引，做好课程规划。

教育思想，是教育工作者在认识活动、思维活动、实践活动中形成的认识，其主旨是对教育实践产生影响。教育思想是一种力量，具有历史性、社会性、前瞻性、继承性等特征。教育思想力是校长专业素质的重要组成部分，表现在校长的一言一行中，是校长从治理学校的认知、经验、思考中提炼的思维结果，是办学的行动指挥，也是校长领导力的灵魂。规划学校建设、营造育人文化、领导课程教学、引领教师队伍成长等工作，都离不开好的教育思想。正如苏霍姆林斯基所说："领导学校，首先是教育思想上的领导，其次才是行政上的领导。"雨果也说："未来将属于两种人：思想的人和劳动的人。"

二、办学思想及实践路径

开发区第一小学创办于 1921 年，是一所拥有近百年历史的老校。学校历史悠久，风景优美，背靠以清代举人命名的文伟山，南门旁建有纪念著名校友——经济学家、革命家蔡北华的纪念亭。在深入了解前任校长办学理念、优良办学传统后，现任校长对办学历史进行梳理，与教师一起在传承的基础上探索创新，对办学理念作出了新的表述——把最朴实的教育还给最淳朴的孩子。

这一理念的内涵包括四个方面：一是在教育的方式上，认为"教育重在养"，润物细无声，不能急功近利。宋人揠苗助长，非徒无益，而又害之。教育是一项慢的艺术，应该不急不躁，静待花开的声音。二是在教育的内容上，重视"仁、义、礼、智、信"等优秀传统文化的传承，以及立足中国、放眼世界的公民素养培育，坚持促进学生全面发展，宣扬真善美，传递正能量。三是坚信人性本善的价值观，道教认为，人原初的本性是纯朴和纯真的。《三字经》第一句便是"人之初，性本善"，法国教育家卢梭坚定"性善论"，教育对激发儿童内心的"善"可以起到重要作用。我们要相信孩童本性善良、天真无邪，每个孩子都有纯朴、善良的一面。四是把培养孩子的阅读好习惯作为学校基本任务之一，一个人的精神发育史就是他的阅读史，习惯决定命运，阅读成就人生。

将"把最朴实的教育还给最淳朴的孩子"这一办学理念提炼、浓缩为精简的四字校训，便是"知书达理"。开发区第一小学的育人目标就是"培养知书达理有教养的一代新人"。

从 2002 年起，开发区第一小学提出"打造办学风格鲜明的书香校园，走内涵发展之路"。

（一）三个五年规划促成独具特色的办学风格

1. 第一个五年规划（2002 年 9 月—2007 年 8 月）：书香校园，以书养德。把书香校园建设与德育工作结合起来，让学生诵读大量经典名著。

2. 第二个五年规划（2007 年 9 月—2012 年 8 月）：书香校园，文化自觉。网络时代的到来使传统阅读方式受到挑战，快餐文化、垃圾文化、"碎片化"阅读方式给传统阅读造成巨大冲击。尤其对于心智尚未成熟、辨别能力不强的小学生而言，网络技术带来的便利与网络信息良莠不齐之间存在着矛盾，网络阅读在新时代儿童教育中的地位十分尴尬。如何提高学生的阅读素养、增强年轻一代的文化自觉，成为教育探索的新问题。

3. 第三个五年规划（2012 年 9 月—2017 年 8 月）：书香校园，知书灵动。学校计划培养有文化、有灵气、擅长活学活用的学生，拒绝读死书，养成创新思考的习惯，建设动静相宜的书香校园。

开发区第一小学校长重视整体规划和顶层设计，三个五年规划的目标方向始终与时代发展、教学改革紧紧联系在一起，能够由浅入深、层层推动学校改革，将办学理念内化为教育行为，形成独具特色的办学风格。

（二）在教师队伍建设、学生培养两大方面探索实践

在教师队伍建设方面做到：唤醒成才的动力、提高学习的能力、沉淀教师的定力，培养教师潜心育人、淡泊名利、宁静致远的专业精神，培养知书达理的教师队伍。

学校制订了《开发区一小"三名工程建设"方案》，旨在引导教师制订自我发展规划，为加快教师成长搭建平台。学校领导以身作则，发挥示范作用，带头参与研讨课，学校教研教改活动蔚然成风。学校教师课堂教学、技能素质竞赛成绩名列前茅，培养了一批在市里有影响力的名教师，如胡冬梅被评为"第三届中山市名教师"，孙宁、杨艳、罗秋蝉、刘爱红、吴君丽、梁培华、杨敏娟、胡晶晶等迅速成长为省、市骨干教师，李春雨、罗宇清、黄锭君等成为火炬开发区教坛新秀。同时，开发区第一小学为兄弟学校输送了一批骨干教师和行政人员。学校被评为"中山市精品课程建设先进单位"，教研成果丰硕，精品课程共获得入围奖 37 项、提名奖 16 项，科研课题获得省级奖励 5 项、市级奖励 5 项。

在学生培养方面，以培养知书达理、灵动灵秀的"一小学子"为目标，重视培养学生热爱运动、热爱阅读、热爱劳动的三种好习惯。开展朗诵、相声、主持、演讲、戏剧表演等活动，充分激发学生的创造潜能。学校组织的语言艺术类节目，如《少年中国说》《仰望星空》《经典爱国诗词颂唱活动》等多次在省、市、区级现场会上展示，屡获好评。舞台剧《一个独生女的故事》获得中央电化教育馆颁发的中国教育电视优秀教学录像课例一等奖。《地震中的父与子》获得中山市艺术节舞台剧比赛一等奖。

重视培养三种好习惯、建设动静相宜的书香校园，是贯彻"把最朴实的教育还给最淳朴的孩子"这一办学理念的有力举措。

学校每学期会制订阳光体育运动方案和学生健康体检制度，开展"六一快乐大课间"比赛等，保证学生每天一小时的体育活动时间。校内还开设了丰富多彩的社团活动，要求每个学生至少掌握两个体育项目、一项艺术专长，将特色教育普及到每个学生。2013年11月，开发区第一小学成功入选"中山市艺术教育特色学校"。

学校毕业班参加火炬开发区体育测试的达标率为100%，包揽近二十年全区田径运动会团体第一名，多次被评为"中山市田径传统项目优秀学校"。

（三）在课程建设与开发中实践办学思想

教育思想要在课程开发中落脚，必须透彻理解三级课程管理政策，对国家颁布的课程文件精神有深刻的思考和解读。校长要从课程管理走向课程引领，明确学校的办学理念和育人目标，在课程与教学方面承担指导角色。学校的课程规划以培养学生发展核心素养为关键，充分考虑社区条件、师资队伍、生源质量、师生发展前景等因素。

开发区第一小学经常组织中层干部、教学骨干学习国家三级课程理论，集体研究符合本校实际的课程计划，并落实到日常教学中。总之，课程规划能够体现校长领导力，课程开发领导力必须以课程规划领导力为前提。

开发区第一小学坚持的朴素教育理念，首先体现在朴素的课堂课程。叶澜教授在《扎实、充实、丰实、平实、真实——什么样的课算一堂好课》一文中，对"什么样的课算一堂好课"的话题展开深刻讨论。所谓"好课"就是有效教学的课，她认为"扎实、充实、丰实、平实、真实"的课可以算得上好课。一堂好课应是一堂有意义的课，即学生学到了知识、锻炼了能力，在学习过程中产生了良好、积极的情感体验，并能够激发学生进一步学习的强烈需求，使之越来越主动投入到学习中去。一堂好课应是一堂有效率的课，一是对全班多少学生有效率，好课对优秀生、中等生、后进生具有不同的效率；二是效率的高低，如果没有效率，或者只对少数学生有效率，都不能算是一堂好课。一堂好课应是一堂有生成性的课，即这样的课不完全是预设的结果，而是课堂上师生投入真实的情感、智慧、思维、能力，整个过程中既有资源的生成，又有过程的生成。一堂好课应是一堂常态化的课，不是为了应付外人听课而特殊准备的课，不是作秀的课堂，而是朴实中带有智慧的课堂。

其次，朴素教育理念体现在朴实的课程改革。比如，我校的语文课改重视返璞归真，数学课改重视还原生活，英语课改重视寓教于乐，综合实践重视动手动脑。

朴素教育理念还体现在朴实的科研实践。近五年来，开发区第一小学开展得最成功的两个课题分别是：借助优秀电影培养学生的"孝顺"品质；举行中华经典诗文传诵活动，培养学生对中华优秀传统文化的兴趣。

三、如何提升校长教育思想力

（一）提高思维的广阔性

读书使人思维活跃、聪颖智慧，读书使人胸襟开阔、豁达晓畅，读书使人增长新知、拓宽视野，读书使人改变命运、创造价值。江苏省南京市北京东路小学校长孙双金是一位博学多才的校长，他认为校长要读以下几类书，达到博闻强记。

一要读本专业的书籍。校长应该是老师的老师，很多校长原本是教学骨干，可任职校长之后，荒废了自己的业务专长。孙双金校长是语文教学专家，获奖无数，出版过多部教育教学专著。他1992年开始担任校长，尽管日常的行政管理工作十分繁忙，但他从来没有放弃对语文教学的研究与探索。语文教学必须有丰富的文化储备，教《走进李白》，他便读《李白诗选》《唐诗三百首》《唐诗的故事》《大唐史话》；教《论语》，他便读南怀瑾的《论语别裁》、李泽厚的《论语今读》、李里的《论语讲义》、丁寅生的《孔子这个人》。他埋首在语言文学书籍的沃土上深耕，扎根中国文学汲取丰富的人文养料，丰富了语文教学和研究的思想。

二要读大教育的书籍。校长要成为教育家，必然要有大教育的视野。孙校长认为"学愈博，思愈远"，学问越是博大，教育的视野就越是开阔。为深入探究教育的真谛，他反复阅读苏霍姆林斯基的《给教师的一百条建议》，每读一次，都有新的感悟、新的收获。为了通晓中国教育历程，孙校长读孔孟了解儒家思想，读朱熹、王阳明领悟"格物致知"的精髓，读蔡元培、陶行知研究教育思想。为了熟悉外国教育史，他广泛阅读苏格拉底、柏拉图，阅读蒙田、培根，阅读杜威、罗素，阅读皮亚杰、布鲁姆，与西方的哲学、文学、心理学大家对话。在阅读中，孙校长领悟到教育的真谛，掌握了教育的规律，有教无类、因材施教、举一反三、循循善诱，这些教育情怀和智慧融入他的血脉，滋养着教学精神的生长。

（二）养成深刻思考的习惯

思想的深刻与独特需要批判性思维，批判性思维可以避免走两个极端，一是自以为是、固执守旧，二是人云亦云、盲目跟风。比如核心素养的概念，一经提出就成为被整个教育界挂在嘴边的热词，好像过去的教育就没有素养、没有核心，与核心素养的含义背道而驰似的。核心素养不同于一般意义的素养，它指的是学生应当具备的适应终生发展和社会发展需要的必备品格和关键能力。对待这一新概念，我们应当对照其内涵，分析哪些素养是我们一直坚守的，哪些素养是我们缺失的，哪些素养发展不健全还有待加强。

教育要从实际出发，独立思考，抓住事物的本质。周国平先生为《中外教育名人 100 篇》一书所作的序言《教育的七条箴言》中写道："何为教育？教育究竟何为？教育中最重要的原则是什么？古今中外的优秀头脑对此进行了许多思考，发表了许多言论。我发现，关于教育的最中肯、最精彩的话往往出自哲学家之口。"所以，孙双金校长认为第三要读的就是哲学、美学的书籍，在他看来，教育工作者应以培养人为最大己任："既然是培养人，首先就得了解人，洞察人的本性，而对人性的研究首推哲学家了。只有深入地把握人性的特点，才能循其人性，扬善抑恶。不读哲学，不懂得人性，如何能做好培养人的工作呢？所以，有学者称《论语》，一言以蔽之：教人成为君子的学问。"

（三）自觉的行动研究

校长常常出现一个困惑：我有这么好的思想，为什么执行不了？或者校长的思想很先进，却常常束之高阁。实践出真知，有好的思想就要落地生根、开花结果，校长的先进理念变为集群理念，作用在师生身上，才能实现最优化管理。如何将先进理念变为实践，一方面通过论证、分解办学思想加深思想的深刻性，一方面从学校规划建设、校园文化建设、师资队伍建设、课程构建及实施等方面实现办学思想。

博凯小学是一所新诞生的学校，办学之初就已确定了顶层办学理念：以孩子丰富多彩的幸福童年为本，并确定了"博学多才，凯风徐来"的校训。而开发区第一小学的办学理念是在长期探索、思考、反复验证、不断提炼中形成的，校训"知书达理"是从"把最朴实的教育还给最淳朴的孩子"

的办学理念中提炼而成。无论"先天"的顶层设计还是"后天"的实践出真知，都必然体现着校长的学识、人品、经历、思想，只有自觉的、内生的理念才是稳定的、独特的，生搬硬套、拿来就用的移植理念难以支撑学校长久运转。校长要善于从实践中反思经验，不断总结、提炼、更新理念，充盈内核。

（四）要有教育理想与激情

教育者要有教育理想和美好的愿望，在理想与现实找到平衡。有人说，教师深陷网中，无法转身。难以承受的升学压力是课程改革的"拦路虎"。在被升学率绑架的学校里，任何课改的推行、新理念的贯彻、教学个性的坚守都难以持久。在这样的话语霸权下，学习的意义似乎只为获取高分，教师职业价值的体现似乎就是升学率。久而久之，这种超负荷的升学压力消解了教师对专业的憧憬和热情，造成教师对职业的失望和冷漠。正视现状，积极应对，如何在理想与现实中找到平衡呢？笔者认为，应当跳出框条，回归本真。能够与淳朴天真的孩子共同成长，这是其他任何职业都无法比拟的幸运，我们的心灵也因充满童趣而纯净。

佛教典籍中有一个令人深思的故事。十八层地狱里有一个恶贯满盈的杀人犯在喊冤，问阎王："为什么要把我打入地狱？"阎王说："因为你生前作恶多端，断了很多人的命根。"杀人犯很不服气，这时，忽然听见脚底下有人唉声叹气："你有什么好喊，我比你更冤呢！"杀人犯一怔，问："你是什么人，犯了什么罪？"那个声音回答道："我生前是老师，阎王说我罪孽深重，因为我断了很多人的慧根。"

作为教育工作者，夜阑人静时不妨思考一下，自己对学生的教育是否遵循本心，是否尊重孩子的天性。教育不是流水作业，教师不是流水线上的装配工人，不能把孩子按照模具打造成毫无特色的复制品。我们应当因材施教，用欣赏的眼光、包容的态度对待每一个孩子，勿忘教育理想。

校长是课程开发的引领者

◎ 课题组成员　同安小学　黄炎有

2014 年，教育部印发《义务教育学校管理标准（试行）》，指出"要提升教育教学质量""落实国家义务教育课程方案和课程标准""根据学生发展需要和学校、社区的资源条件，组织开发校本课程""引导教师创新课程实施方式"等。新课程管理标准进一步总结了在过去十多年的基础教育课程改革中，由于课程管理体制没有充分实现其应有的自主性、适应性、创新性等作用，导致了一系列教育问题。我国基础教育已进入内涵发展的攻坚阶段，学校教育必须进一步开展教育变革、课程变革、角色变革，而这一切变革的关键在校长身上。只有进一步唤醒校长的课程意识，提升校长课程开发领导力，促使校长主动将课程理念和角色意识从"行政"权威向"专业"权威转变，才能进一步增强教育核心竞争力，全面实现学校教育跨越式发展。

一、课程开发要创新理念

著名教育家陶行知先生说："国家把整个的学校交给你，要你用整个的心去做整个的校长。"用心做校长，这是上级教育部门对校长的期望；用心做校长，更是大多数校长自我发展的目标与追求的理想。然而，从目前的状况来看，学校承载的社会功能越来越多，部分校长每天忙于处理繁杂的行政事务，常常无暇顾及学校的课程和教学工作。还有的校长认为，只要落实好国家政策、执行国家教育方针、做好上传下达工作、抓好行政队伍建设、确保学校不出或少出事故足矣。他们过多地重视行政工作，并把学校课程发展也当做行政管理工作的一部分，对此进行常规化处理。长此以往，将制约学校的健康和谐发展，导致学校工作千篇一律、教育面貌千校一面。

我们常说，一个好校长就是一所好学校。校长作为学校的一把手，是学校的领导核心和建设发展的引领者。校长课程开发领导力的关键一环是引领能力，校长要带领教师整合国家课程、地方课程和学校课程中的教育教学资源，丰富课程建设的内容，拓宽课程建设的视角，使课程开发成为教师和学生共同成长的推动力。

校长的办学思想、治校理念、人才目标、价值追求等直接影响着学校的发展和教师团队的努力方向，更影响着学生的发展潜能。作为学校教育的统帅，校长都希望通过自身的引领、团队的合作、品牌的打造，把学校教育推上新的台阶。笔者认为，学校发展在课程，课程提升在校长。校长必须理念先行，摆正自身的课程领导地位，对国家教育方针、政策、理念和社会发展态势有较为深刻的理解和把握；要以课程改革为契机，进一步明确教什么，为什么教，怎样教；要在正确的价值思想和办学理念指引下，明确学校的发展愿景，统筹规划学校的课程开设方案，建立立体的、完善的、多层次的学校课程体系；要把培养人、发展人、塑造人作为课程建设的主要价值，引导教师正确理解和认识课程改革的宗旨和学校的发展目标，促进教师以先进的观念理解课程改革、从广阔的视野审视课程改革、以新型的角色参与课程改革、用适合的教育行为实施课程改革，逐步推进"国家课程再开发""地方课程校本化""学校课程特色化"，形成教师个人理想与学校发展目标和谐统一，学校课程改革目标与人才发展目标和谐统一。

二、课程设计要高屋建瓴

日本学者佐藤学在《静悄悄的革命》中指出："所谓课程，一言以蔽之就是'学习的经验'……'创造课程'并不是制订'目标'或'计划'一览表，而是要实际创造学习的经验。"

教育是一种特殊的社会实践活动，人的一切教育活动都通过课程达成目标。学校作为教育的主阵地，校长必须要有自主的课程意识，用尖锐的眼光审视课程，进一步提升课程理论建构意识和课程资源开发意识；用发展的眼光规划课程，立足办学理念进行顶层设计、统筹布局，协调国家课程、地方课程和学校课程之间的关系，以学校为本位，以学校愿景与使命为宗旨，继承发扬已有的课程优势，形成独特的办学特色。

《基础教育课程改革纲要（试行）》明确规定，学校在执行国家课程和地方课程的同时，应视当地社会、经济发展的具体情况，结合本校的传统和优势、学生的兴趣和需要，开发或者选用适当的学校课程。"开发"意味着探索、发展和创新。课程开发是使课程的功能适应文化、社会、科学及人际关系需求的，持续不断地决定课程、改进课程的活动与过程。

课程开发时，校长要树立大课程观。课堂即课程，校园即课程，教师即课程，学生即课程。充分整合学校人力资源、物力资源、财力资源，制订完善的发展目标，落实具体的改革方案，分阶段、分内容、分步骤建立科学系统的课程制度，全面提升课程资源开发力，实现课程的二次开发、三次开发乃至多次开发，从而促进学校课程改革，提升学校课程实力。

三、课程实施要身体力行

苏霍姆林斯基在《给教师的建议》中谈到："听课和分析课是校长的一

项极为重要的工作……只有当学校领导人掌握了足够的事实和进行足够的观察时，才能在教学和教育过程的这个领域里达到工作的高质量。经常听课和分析课的校长，才能了解学校里在做些什么。"

校长作为课程实施的引领者、组织者，必须全程关注课程的实施状况。首先，校长要把握国家课程和地方课程标准，开齐、开足国家规范性统一课程，全面推进国家课程与地方课程有效实施。其次，校长要有全局思维和战略眼光，通过上课、走课、听课和巡课等方式，身体力行地参与到教师日常的备课、说课、听课、评课当中，进一步走近教师、走进教室、踏入课堂，融入学生的集体生活，从而多角度了解教师的课程执行力，把握全校教师的教学状态，不断激发课程的发展潜力。再次，校长要有深度参与课程改革的热情，有具体的阶段性目标和实施评价体系，引领教师克服困难、持之以恒、不断前行。

四、课程团队要学研同体

课程领导是一项综合、全面、系统而又复杂的工程，不仅需要校长个人有较强的课程驾驭力、引领力，更需要吸引更多的课程追随者、有心人，创建一个强有力的多元化课程领导团队，帮助贯彻本校办学思想，把握课程开发方向，决定实施战略。同时，学校课程的骨干执行团队要帮助建构课程教学模式，准确实施课程改革；基层教师团队要提高认识与本领，追求课程实施的科学性、有效性。

为了建立行之有效的课程团队，首先，要让教师成为课程开发的有心人。教师是学校工作的核心力量，课程是学校内涵发展的必经之路，两者有机结合，才能为学校长足进步与持久发展提供有效保障。我们要通过营造民主、开放、协力、合作的课程研讨氛围，搭建专业的发展平台，让教师立足课程、扎根课堂，"问题在一线发现，困难在一线解决，经验在一线总结，典型在一线推广，任务在一线落实"，形成研训一体化，达到"以研促教、以教促研"的教研氛围。

其次，要让学生成为课程开发的受益人。艾伦·C·奥恩斯坦认为："如果我们打算在课程过程中授权给教师，那么我们也要在与学生年龄相适应的程序上授权给他们，使其能控制自己的学习。"长期以来，中小学的课程改革主要依靠少数专家，特别是学科专家、校长及教师。课程的开发与实施往往局限于学科知识，忽视了学生的实践体验。笔者认为，学生作为课程变革的利益主体，作为课程开发的接受者，他们能在学习时不断探究、深入反思，并从自身角度提出具体的、建设性的反馈意见。在实践中，他们会对课堂教学、课堂内容和实施方法进行选择、反馈，这对校长、教师改进教学内容和方法、提升教育质量有着很好的参考价值。为此，校方应该为学生创造参与课程开发的条件，广泛接纳学生的合理建议，尊重学生的首创精神，让学生参与课程资源开发与利用，主动规范课程行为，从而成为课程开发的学习者、研究者、受益人。

五、课程开发要激发教师的创造性潜能

哈佛大学著名心理学教授威廉·詹姆士说："与我们应当取得的成就相比，我们不过是半醒着，我们现在只利用了身心资源的一部分。"教师队伍中蕴藏有巨大的潜能，"如何开发"的问题一直困扰我们。笔者了解到，开发区第一小学实行"课程包竞争上岗"制度，级组长、科组长、学科带头人、骨干教师、教坛新秀，课题组长、课题组成员、班主任等竞争"课程包"，

教师由被动服从学校课程安排变成主动申请开发课程。这个过程中，教师充分展示才能，学校领导也得以更全面了解教师的个体专长，能够更好用人。

在此之前，该校的课程开发工作令教师望而生畏。此次"课程包"申报中，超过40位教师主动参与。经过评审，学校最终同意开发21门课程。竞岗成功的教师获得了成就感，开发区第一小学英语科科组长朱永清老师说："我是凭实力上，我对自己今后的课程建设充满自信。"竞选失败的教师可以找到问题、总结经验，明确今后的努力方向。全员参与的课程建设制度能够调动教师积极性、激励教师追求进步，这也是课程开发迈向成功的第一步。

物质激励、精神激励、情感激励相结合，才能唤醒人的"生命感"和"价值感"。根据《中山市中小学分配制度改革实施办法》，要搞活学校内部分配，真正使本校职工的工资绩效与课程开发的质量紧密挂钩，全面、全程、客观、公正地评价教师，调动他们的士气与热情。

课程开发与绩效工资挂钩，能够有效激活教师的创造潜能。开发区第一小学实行课程改革后，校园呈现出一派"处处是创造之地，天天是创造之时，人人是创造之人"的蓬勃面貌。师生在中山市、火炬开发区的各项比赛中取得历史性突破。学校开设了50多个社团。全国规划重点课题实验学校教研会成功召开，开发区第一小学课题组在会上介绍经验，进行教学演示、活动及成果展示等，得到了专家及兄弟学校的一致好评。

课程改革是一项漫长又复杂的系统工程，有许多不稳定因素。作为学校的一把手与领头羊，校长必须要有清晰的课程改革意识，善于从"行政管理"权威向"专业领导"权威转变，用个人先进的办学理念统筹规划学校的发展愿景。同呼吸、心连心、共发展，学校教师要全力支持、配合校长工作，教职工凝心聚力，立足课程、立足人才，促进国家课程再开发、地方课程校本化、学校课程特色化，共同谋划学校发展新亮点、开拓学校教育新征程。

课程执行与开发

◎ 课题主持人　博凯小学　周锦连

一、课程领导力是校长的核心竞争力

什么是课程？课程是学校为促进学生与教师的发展所进行的教学设计、教学规划、教学实施、教学评价等一系列与学校教育有关的活动总和。领导力是一种能激发团队成员热情与理想的能力，是一种统率团队成员全力以赴实现目标的能力。领导力包括学习力、组织力、教导力、感召力等，是校长教学工作中必备的能力。

我国基础教育已进入内涵发展阶段。2013 年教育部印发的《义务教育学校校长专业标准》中，对校长应具备的六大专业职责作出规定，分别是规划学校发展、营造育人文化、领导课程教学、引领教师成长、优化内部管理、调适外部环境。校长不仅承担着有效实施国家课程、地方课程的责任，还肩负着提升课程品质、研发学校课程的重任。

中山市的课程改革工作一直走在时代前沿，课程建设也紧跟时代步伐。中山市教育体育局对《提升小学校长课程开发领导力的实践研究》这一研究课题给予了大力支持。《提升小学校长课程开发领导力的实践研究》是2016 年立项的重点课题，按照研究方案，课题组通过问卷调查和访谈法两种方式对中山市小学校长的课程开发领导力现状进行调查。

调查发现，中山市学校的课程开发实力不均衡，差距较大。中山市小学校长的自我评价结果总体良好，他们比较擅长从宏观角度出发规划课程，对课程实施（教学）比较熟悉；在提炼办学理念、课程开发与办学理念的一致性上需要加强。

为了加强校长队伍建设，中山市加大培训力度，分批组织中小学校长前往全国各地进行课程领导力相关理论的学习，同时在市内开展了多场关于提升课程领导力的论坛会议，加强经验分享，推广课程改革的经典范例，开展专题征文活动。

经过三年多的努力，中山市在提升校长课程领导力方面取得显著成果，获得突破性进展。中山市中小学校愈发重视课程的顶层设计工作，重视全科育人、全程育人、全员育人，聚焦核心素养的培养；在课程体系的开发中，立足学校优势，充分挖掘地方文化特色，形成多样化的课程生态与校园文化。校长的课程领导力不断提升，教学管理能力不断增强。教师通过发挥个性与创造力，专业能力显著提高。

翠亨小学是一所具有深厚文化底蕴的百年老校。1921 年 5 月 21 日，孙中山先生为该校亲笔题词"后来居上"。基于学校的历史渊源，翠亨小学以"学习孙中山文化，弘扬孙中山精神"为精神内核，充分发挥地缘优势，挖掘区域人文资源。孙中山故居、杨殷故居、中山革命烈士陵园、中山影视城、辛亥革命纪念公园、翠亨画家村等充满教育意义的人文景观资源，为学校德育文化建设提供了良好素材。

还有的学校"因材编程"，结合地方特色编写出有本土气息的系列德育课程。例如中山市石岐西厂小学，以"创造有生命力的教育，为学生的终身发展奠基"为办学理念，致力打造"活力教育"品牌，走"活力教育"

发展之路，致力"活力德育、活力课程、活力课堂、活力校园、活力假期、活力团队"六大板块的探索与实践，成果斐然。

二、常规教学管理

案例一：如何执行落实课程方案

某区教育办公室针对学校执行落实课程方案的问题召开了一次中小学校长会议,讨论的主题是:区内小学执行课程方案关于"开齐课程、开足课时"存在的问题。

Z校长认为，小学教学之所以存在没有开足课时的问题，是因为各学科专职教师配备不足。L校长认为，语文、数学、英语是教学质量评价中的必测科目，为了追求这三门科目得到高分，教师会挤占小五门科的课时。H校长认为，近几年课程改革计划变动太快，体育、品德与生活（社会）、综合实践、科学等科目的课时量不断增加,专业教师引进不足。X校长认为，教师每周的工作量是14至16个课时，除任主科教学外，不少教师还要跨学科任教，导致难以开足课时。

教研室主管领导老钟同志发表了自己的看法，他说："小学存在没有按本市的课程计划开齐课程、开足课时，或者小五门科开齐、课时开足但开不好的问题，原因是多方面的，我们不要过多地从客观层面找原因，应该从不同角度来分析问题。比如，校长在办学理念中是否把素质教育思想摆在首位，教师教学是否还存在严重的应试教育思想，教师培训是否跟得上课改的需要……"

听完老钟同志的讲话，一直沉默的Y校长说出自己的看法："首先是校长、教师的教育理念没有彻底转变，没有把执行课程方案当做实施全面素质教育、对学生今后发展有重要意义的大事来执行。苏霍姆林斯基说过，校长对学校的领导，首先是教育思想的领导，其次才是行政的领导。思想建构在行动之上。另外，区里对学校的评价方案也要进行适当修改，因为评价是指挥棒。"

Y校长的话得到了教研室主管领导的肯定，老钟同志说："我们是按照教师数与学生数 1 比 19 的比例来配编教师的。市教育局还规定，小学教师每周任课工作量的参考标准是 14 到 16 节。有的学校为了追求每学科均有专职教师，存在一个语文教师任教两个班、一个数学教师任教三个班的情况，这样的任课安排任务过重，辅差、批改作业、因材施教等工作存在极大困难。一些转教其他科目的老师会碰到担任班主任吃力、课堂教学组织纪律松散、学生管理困难等问题，加上对转教学科的研究不足，仍然达不到教学标准。此外，学校工资绩效分配的改革方案跟不上，极大挫伤了教师的积极性。小学要像初中、高中那样，每个学科都配备专职教师是不太可能的。但每所小学起码要配齐体育、音乐、信息技术课、美术这四门学科的专职教师，且要是专业教师。有条件的学校，科学课也要配备专职教师。至于综合实践、品德与生活（社会）、卫生与健康、书法课等综合性较强的学科，我们可以加强师资培训，安排语文、数学、英语这三科的教师，每人至少兼任一门以上综合性学科的教师，且必须达到专职教师的水平。当然，专职教师不一定具备专业水平，非专职教师也不能说没有专业水平，很多小学教师不是一专多能吗？国外如欧洲的一些小学教师是包打天下的，即实行包班制。我建议加强小学教师一专多能的培训，不要把教师才华割裂得太碎了，发展模块限制得太窄了。现在的课程改革呈现出综合化的特点，小学教师要具备综合素质，更何况小学阶段，很多学科的知识是相通的、协同的。"

在座校长都觉得老钟同志的话有道理。随后，大家围绕"以贯彻落实小学课程计划为突破口，全面推进素质教育的有效措施"这一话题展开讨论。

（一）思考题

1. 贯彻落实小学课程方案对全面推进素质教育有何意义？

2. 影响学校落实课程方案的因素主要有哪些？

3. 你怎样理解老钟同志关于"专职教师与专业水平"的论述。

4. 如果你是区教研室主任，会采取哪些有效措施落实小学课程计划？

5. 谈谈新课程改革需要何种素质的小学教师。

（二）分析建议

为贯彻落实《关于基础教育改革与发展的决定》（国发〔2001〕21号），教育部大力推进基础教育课程改革，调整和改革基础教育的课程体系、结构和内容，构建符合素质教育要求的新的基础教育课程体系。

1. 课程改革的目标

新课程的培养目标应该体现时代要求，改变过于强调学科本位、科目过多和缺乏整合的现状，整体设置九年一贯的学科门类和课时比例，并设置综合课程，体现课程结构的均衡性、综合性和选择性；改变课程评价过分强调甄别与选拔的功能，发挥评价促进学生发展、教师提高和改进教学实践的功能；改变课程管理过于集中的状况，实行国家、地方、学校三级课程管理，增强课程对地方、学校及学生的适应性。

2. 课程结构

小学阶段以综合课程为主。小学低年级开设品德与生活、语文、数学、体育、艺术（或音乐、美术）等课程，中高年级开设品德与社会、语文、数学、科学、外语、综合实践、体育、艺术（或音乐、美术）等课程。初中阶段设置分科与综合相结合的课程，高中以分科课程为主。从小学到高中设置综合实践活动并作为必修课程，其内容主要包括：信息技术教育、研究性学习、社区服务、社会实践以及劳动技术教育。强调学生通过实践增强探究和创新意识，学习科学研究的方法，发展综合运用知识的能力。

3.课程管理

实行国家、地方和学校三级课程管理。教育部总体规划基础教育课程，制定国家课程标准，积极试行新的课程评价制度。省级教育行政部门依据国家课程管理政策和本地实际情况，制订本省（自治区、直辖市）实施国家课程的计划，规划地方课程，报教育部备案并组织实施。经教育部批准，省级教育行政部门可单独制订本省范围内使用的课程计划和课程标准。学校在执行国家课程和地方课程的同时，应视当地社会、经济发展的具体情况，结合本校的传统和优势、学生的兴趣和需要，开发或选用适合本校的课程。

4.教师的培养和培训

中小学教师继续教育应以基础教育课程改革为核心内容。地方教育行政部门应制订有效、持续的师资培训计划，教师进修培训机构要以实施新课程所必需的培训为主要任务，确保培训工作与新一轮课程改革的推进同步进行。《广东省关于以校为本，改进和加强教学研究工作的指导意见》中明确提出：要逐步建立和完善以校为本的教学研究制度，各级中小学是以校为本教研制度建设的基本单位，全体教师是以校为本教研制度建设的主体，学校和教师要积极主动适应全员学习、建设学习化组织的新趋势。校长是以校为本教研制度建设的直接责任人，教师要适应基础教育改革的需要，积极转变角色和教学行为，逐步形成研究型教学的工作习惯和职业生活方式。

5. 课程评价

建立促进学生全面发展的评价体系。评价要关注学生的学业成绩，在已经普及九年义务教育的地区，实行小学生免试就近升学的办法，鼓励各中小学自行组织毕业考试。考试命题要依据课程标准，杜绝设置偏题、怪题的现象。教师不得公布学生考试成绩并按考试成绩排列名次。

案例中的学校在落实课程计划时确实遇到不少困难，比如教师的专业配置不足、专业调整、编制限制、工作量安排、区教办对学校的质量评价等。但学校管理者应该坚决执行课程计划，加强课程管理，全面贯彻落实党的教育方针，依法治校，树立正确的课程观。教研室主管领导老钟同志的建议很合理，学校应当根据课程配置要求，积极引进专业教师的同时加强教师培训，确保培训与课程改革同步进行。综合素质高的教师往往都是一专多能，应当倡导每位小学教师达到两门以上学科的教学专业水平。新课程改革中，小学阶段课程结构以综合课程为主，小学教师应树立终身学习意识，自觉参加各种继续教育活动和校本培训，跳出传统的学科本位论思想，善于进行跨学科整合研究，结合个人教学实际，恰当选择教学研究切入点。各学科教师之间加强合作交流，互相启发，改变学科各自为战、孤立研发的局面。

其次，学校上级主管部门、区教育办公室在评价学校的办学质量时，应以学生全面发展为宗旨，学科测试要依据课程标准。同时，把课程管理工作作为区教育办公室教学管理的重要组成部分，促进各学校做到开齐课程、开足课时、开好课程。

在新一轮课程改革中，除了执行国家、省、市一级的课程计划，学校还应根据当地经济、社会发展的具体情况，结合学校的传统和优势、学生的兴趣和需要，开发实施适合本校、具有特色的学校课程，使其与国家课程、地方课程相互依存，相互促进，共同构成学校教育教学所必需的课程体系。

三、小学校长从课程管理向课程领导转变的实践研究

（一）小学校长从课程管理向课程领导转变是现代管理的趋势

《义务教育学校校长专业标准》中提出把领导课程教学作为校长的重要专业要求：有效统筹国家、地方、学校三级课程，确保国家课程、地方课程的落实，推动校本课程的开发与实施，为学生提供丰富多样的课程教学资源。这些对校长的专业化要求，和过去相比显然不同，且标准更高。在课程改革进入深水区的今天，校长应该具有正确的价值导向、现代的教育管理理念，把科学化、民主化、法治化作为现代教育管理的基本特征，在管理学校事务时加入自己的思考和经验。只有具备这些素养，校长才能被称为现代校长。

课程领导意识淡薄、课程领导力不足已经成为制约校长从"行政权威"走向"专业权威""学术权威"的重要因素。华东师范大学的陈玉锟教授指出："就发展依靠什么而言，我们可以粗略地把学校发展分为三个阶段。在第一个阶段，学校的管理主要依靠校长的观念、人格和能力……在第二个阶段，学校的管理主要依靠一套完善的管理制度和机制……在第三个阶段，学校的管理主要依靠校园文化。"校园文化从课程建设中来，没有课程建设的校园文化是空喊口号的文化。因此，小学校长从课程管理向课程领导转变是现代管理的趋势，是校长专业发展的核心要求。

（二）课程思想是小学校长从课程管理向课程领导转变的前提条件

课程管理重在执行，重在管理，如果缺乏独立思考，缺乏创新精神，

就不能适应创新型社会的发展要求。课程领导不同于传统的课程管理，要摆脱自上而下的管制，由被动接受转变为主动创新。课程领导体现了校长对学校办学理念和育人目标的思考，一个只是执行课程、管理课程的校长无法适应课程改革的需要，也办不出有特色的学校。很多有课改意识的校长早已跳出传统的课程管理模式，对课程领导形成了自己独特而深刻的见解。

（三）课程规划是小学校长从课程管理向课程领导转变的基础

课程规划领导力，就是校长站在战略发展的高度来策划课程，把自己的课程价值观转化为学校的课程开发计划，构建学校课程体系的能力。开发区第一小学的"书香校园课程树"体系，既充分考虑、遵守国家及地方对课程开设的基本要求，又从本校实际出发，科学规划特色学校课程，完善了学校的课程体系。

（四）课程评价是小学校长从课程管理向课程领导转变的重要组成部分

课程评价对课程实施起着导向、激励和质量监控的作用。课程管理向课程领导转变在评价方面体现为以下几点：评价主体由单一转向多元，评价内容由注重结果转向过程和结果并重，评价方法由单一量化转向质化与量化相结合，评价标准由整体划一转向尊重个性。课程领导倡导"立足课程、促进发展"，坚持以人为本的科学发展观。课程评价体现了人们对现有课程的主观判断与实际感受，是衡量课程设置是否合理的一把尺子，对之后的课程体系建设起着重要的导向作用。

（五）课程特色是小学校长从课程管理向课程领导转变的核心

一所学校与另一所学校的区别，不是升学率或考试分数的差距，而是课程特色的差距。每所学校都是独一无二的个体，应当基于各自的办学思想和实际条件开发特色课程，走出有别于其他学校的道路，形成"一校一品"个性化发展和自主发展的局面。课程特色是在课程领导、课程规划、课程设置、课程开发、课程实施、课程评价等工作充分完成的基础上形成的，是校长课程领导力的重要体现。

中山市火炬开发区的一所学校把课程体系构建成树的形状，创建了"书香校园课程树"课程体系。"课程树"的主树根是该学校的育人目标：培养知书达理有教养的一代新人，树干代表基础课程（国家课程和地方课程），五个主树杈分别是"德性课程""智慧课程""体健课程""美育课程""劳动课程"，主树杈上又分枝成若干小树杈。

四、教学质量是学校品牌的显性标志

有句话说，使你疲惫的不是远方的高山，而是鞋里面的一粒沙子。"把学校办成品牌"是许多校长的目标。假如把教学质量看作沙子，成功时是聚沙成塔，好的教学质量作为打造品牌学校的重要一环，有着不可替代的作用；而失败时便是磨破攀登者脚底的硬物，如果处理不好，打造品牌学校的愿望只能竹篮打水一场空。

中山市教育和体育局周信副局长在开发区第一小学的一次讲话中谈到："一个学校能不能成为品牌，最重要的是四个方面。一、确定品牌的核心价值。每一个著名的品牌后面都有核心价值，这也是我们平时讲的'价值引领'，'价值引领'的核心是'文化引领'，因为文化是反映价值的问题。我们的核心价值到底是什么？引用刘局长在全市校长培训班上的讲话就是'哪里有思想，哪里就有成功'。所以，校长的办学思想是确定品牌的核心价值。

二、品牌核心竞争力是什么？最显性的标志是学习成绩，当然还包括学习力。三、品牌的外在形象和标识系统。品牌也是需要宣传的。四、品牌的社会效益和社会影响。三句话概括为学生受益、人民群众受益、社会显效益。"

教学质量是学校品牌的显性标志。那么，在开发课程时如何提高教学质量呢？笔者认为应注意以下三点。

（一）变个人理念为集群理念

理念，是人们经过长期的理性思考及实践所形成的思想观念、精神向往、理想追求和哲学信仰的抽象概括。办学理念是学校的灵魂，是学校品牌的核心。孔子的"有教无类""教学相长"的儒家教育理念流传两千多年，韩愈的"传道授业解惑"至今被奉为教师最重要的职责，蔡元培的"五育并举"和陶行知的"生活教育理论"成为今天课程改革的又一讨论热点，夸美纽斯、卢梭、杜威、苏霍姆林斯基等教育大家的思想无时无刻不对世界产生着重大的影响。

拥有先进、正确的教育思想是现代校长成长为教育家必备的素质。校长因地制宜、审时度势，通过实践提炼出独特的办学思想的能力尤为重要。在新时期，把一个人的理念转化为一群人的理念的思想成为新的导向。通过每一位教师能动的、创造性的工作，将办学理念传递给学生和家长。一个人的思想落实到一群人身上，一群人的思想作用在更大范围的人身上，集体思想反过来又能促进个人思想的提升。如此循环，办学思想的影响力越来越大，内涵也越来越明晰和多元，最后，逐渐凝聚成为学校的核心价值观。

开发区第一小学的办学理念是"把最朴实的教育还给最淳朴的孩子"，这一理念体现在学校的校园文化、教师育人、教学课堂，学生学习等方方面面。小学教育是基础教育，基础教育是为人生发展奠基的教育，也担负着为孩子幸福人生奠基的任务。六年奠基一生，小孩子心灵纯朴，可塑性最强，在小学阶段，应当帮助孩子打下深厚扎实的基础，鼓励他们追求真善美、全面发展，激发其求知欲望与学习兴趣，养成良好的行为习惯。

（二）立足课堂而改造课堂

苏霍姆林斯基说："一个有经验的校长，他所关心的中心问题就是课堂教学。"课堂是提高教学质量的主阵地，没有立足课堂的教学改革，就没有真正落实素质教育。在深入推进新课程改革的背景下，探索"轻负担、高质量、低耗时、高效率"的课堂教学是我们的中心任务。

开发区第一小学努力探索高效率、扎实的新课堂，在各科组年轻教师的培训中，学校针对"课堂作秀"的现象提出"谁是课堂主体"的问题，并组织教师进行讨论。研讨过程中，大家达成"坚决摒弃表演式课堂"的共识。表演式课堂里的教师像演员，施展百般才艺，虽然热热闹闹、观赏性强，但学生成了处于被动地位的观众，没有参与感。我们要认识到，学生才是课堂的主体，教师的作用是启发和引导。

经过长期实践，开发区第一小学的课堂教学呈现以下特点：一，关注学生的学习习惯，如朗读、看书、坐姿、写字、握笔姿势、错题改正等；二，重视学生的提问和质疑，激发学生的求知欲，保护学生的积极性；三，教师的讲解精简，把握重难点，每节课的讲解时间不得超过 20 分钟，学生的训练时间至少 20 分钟；四，重视学生自学能力的培养，凡是能够通过自学理解的知识，教师不再讲解，倡导"兵带兵、兵教兵"的合作式学习；五，课堂提问关注中等生、后进生，练习时，教师要及时指导学困生。

近年来，由于把提高教学质量的立足点放在课堂，开发区第一小学的教学质量获得飞速发展，大批教师在市级各类学科竞赛中名列前茅，学校毕业生参加全区学科统一抽查测试成绩优异，综合评价和特长评价得分连续五年名列区第一名。

（三）三分才华七分实干

什么是成功的秘诀？爱因斯坦认为：A＝X＋Y＋Z，A代表成功，X代表辛勤的劳动，Y代表正确的方法，Z代表少说废话。苏霍姆林斯基把毕生献给教育事业，他担任帕夫雷什中学的校长达22年之久，他坚持每天听教师讲课，把听课和分析课当做校长的重要工作和滋养思想的源泉。苏霍姆林斯基亲自搞调查、做纪录，深入研究178名"最难教育"的学生。他一生撰写40多本专著、600多篇论文。因为专心，所以专业。苏霍姆林斯基是世界上顶尖级的大教育家，是每个教育工作者的楷模。

踏实工作是我们进步的阶梯。当今教育界浮躁者众，追求立竿见影、信奉功利主义等违背了教育规律。春秋时期，齐国著名政治家管仲在《管子·权修》中说："一年之计，莫如树谷；十年之计，莫如树木；终身之计，莫如树人。"可见，教育需要时间，要尊重儿童的身心发展规律，不能操之过急，要耐心打磨、用心调教、悉心培养，等待孩子成长。

"建设书香校园，提倡以书养德，营造知书达理、勤奋好学的校风"这一理念谈不上创新，但如果每所学校都认真把这项工作做好，就会取得理想的效果。十多年来，开发区第一小学坚持举办"书香校园"系列读书活动，邀请中山市教育教学研究室的老师为师生作"如何引导学生阅读"的专题报告，每学期都会举办读书交流活动，如演讲比赛、经典诵读比赛、日记比赛、书法比赛、读书笔记交流和展览等。学校创建了书香校园的网页，用于发表学生作品，还在校刊上刊登出优秀学子的读书经验和心得体会。

"书香之班"和"阅读之星"等评比活动结合奖金激励机制,提高了师生参与的积极性和主动性,帮助学生养成了受益终身的好习惯。

"今天,你以学校为荣。明天,学校以你为荣"是学校办学追求的最高境界。开发区第一小学每年为中山市多所中学输送一大批优秀新生,这些学生学习习惯良好、后劲足,有很强的学习能力,素质全面,深受好评。开发区第一小学的优秀学子不仅走进优秀的中学,也走进了理想的大学,如北京大学、清华大学、上海交通大学、浙江大学、中山大学等全国知名高校。

所有志向高远又脚踏实地的校长都会自觉承担创建品牌学校的使命。判断一所学校是否是品牌学校,虽然没有明确的标准,但声望高、名气大的品牌学校一定能保证教学质量。立足课程、改造课程、开发课程,任何时候都不能丢掉教学质量。

利用资源优势,发展学校课程

◎ 课题主持人　博凯小学　周锦连

新一轮基础教育课程改革的一项重要内容,就是实行国家、地方、学校"三级课程管理",这也意味着学校将拥有更多的自主权和自由。

学校课程建设应当适应学校、学生的发展需要,建设以师生为本的课程。学校课程既能体现学校的办学宗旨,又与国家课程、地方课程紧密结合,是一种多样性课程。学校课程主要分为两类:一是对国家课程、地方课程进行校本化、个性化的整合、加工、创造,使之符合学生、学校的特点和需要；二是根据学校的育人目标、办学特色、学生需求，在充分考虑当地课程资源的基础上，开发新的特色课程，以发展学校文化、张扬学生个性特长，改变校校同课程、师师同教案、生生同书本的局面。

开发区第一小学坚持"以劳育人"的办学模式，开展的相关课题研究成为教育部"九五"重点课题《珠江三角洲教育现代化的理论与实践研究》的子课题。"以劳育人"相关课题是开发区第一小学多年来科研工作的结晶与骄傲，荣获了广东省第三届教育教学成果二等奖、中山市首届教研成果评比二等奖。

一、借助优势，启动课程

2012年11月，开发区第一小学成功申报成为教育部重点课题"自我发展"的子课题实验学校，负责研究《在劳动教育中如何培养学生自我发展能力》的课题。广州市教育研究院冯国文教授，广东省教育研究院任洁、陈锋等专家多次莅临学校指导工作，为教师作专题培训，指导教师制订教学计划、收集材料、进行个案总结。专家的建议指导为开发区第一小学的课程改革工作提供了极大帮助。

师资培训的主要渠道是校本培训，着力点在于提高教师的学校课程开发能力。开发区第一小学借助中山市人事制度改革的东风，采取教师自主申报、考核上岗的竞岗形式推动学校的课程开发工作，有力提高了教师的主动性和责任心，激发出教师的创造潜能。

组织领导是关键。学校每周会安排课题组成员利用网络媒体学习学校课程，就操作实践中碰到的问题展开交流和探讨，鼓励教师之间相互听课，共同分析、研讨个案。开发区第一小学教师的教研能力大大提高，还诞生了省级综合实践活动课骨干教师培养对象、市级综合实践活动学科带头人。

二、借助优势，设置课程

开发学校课程时，开发区第一小学把"以劳育人"课题的研究工作与综合实践活动课紧密结合，坚持"四个贴近"原则：一是贴近学校科研特色；二是贴近学生，满足学生的兴趣爱好和个性发展需要；三是贴近教师，减轻研究操作的难度；四是贴近社区，充分利用现有资源开发课程。

一年级、二年级的课程设置上，学校以如何培养学生劳动的主动性为切入点，重点研究辅德性劳动。针对低年级学生自理能力差、依赖性强、劳动意识淡薄的特点，课程安排着眼于身边的小事，如扫地、整理书包、洗衣服、收拾房间等，旨在培养低年级学生的自觉劳动意识、动手能力、良好的劳动习惯。教师从时间和内容上，对低年级学生的劳动课程作了细致安排。

表9 开发区第一小学低年级学生劳动课程安排

	在学校	在家里
一年级	整理书包 时间安排：第1—2周	收拾玩具 时间安排：第2—3周
	扫地，做好值日工作 时间安排：第3—4周	洗头、剪指甲 时间安排：第5—6周
	拖地 时间安排：第6—8周	叠衣服 时间安排：第7—8周
	美化课室 时间安排：第10周	洗杯子 时间安排：第9—10周
二年级	清洁课室 时间安排：第1—4周	清洁家具 时间安排：第5—6周
	垃圾管理 时间安排：第7—8周	收拾饭桌、洗碗筷 时间安排：第5—8周
	废物利用 时间安排：第9—12周	洗衣服 时间安排：第9—12周
	学泡茶 时间安排：第12—16周	收拾房间卫生 时间安排：第12—16周

三年级课程的研究重点在于审美性劳动。学校以手工制作、美化环境等劳动为主要内容，以如何培养学生劳动的目的性为切入点，设置了插花、美化家居、植树、种花、礼物包装、废变宝等课程。

四年级课程的研究重点在于健体性劳动。学校以烹饪、种植等劳动为主要内容，以如何培养学生劳动的计划性为切入点。设置了烹饪常识、饮食方面的自我保护、食物常识、健康与劳动、生活与环境等课程。

五年级、六年级课程的研究重点在于益智性劳动。学校组织小组为活动单位，以如何培养学生劳动的协调性和预见性为切入点，设置了小发明、中草药研究等课程。

案例一：我是一个小厨师

开发区第一小学四年级实验班在老师指导下，开展了"我是一个小厨师"系列活动，在班内举办烹饪大赛。学生兴趣浓厚，纷纷给自己制订勇夺第一的目标，主动向父母老师请教，翻阅烹饪书籍，努力学习烹饪技术。许多同学做完菜请父母品尝，一次不成功，就总结经验尝试第二次、第三次。家长对孩子的成长和改变感到诧异又欣慰，他们都觉得"孩子长大了"。

学生为争夺第一，有计划地学习烹饪技术，还会总结经验反复练习。借助这个活动，他们既掌握了一项必备的生活技能，又锻炼了自主发展能力。

案例二：对猪笼草的研究

兴趣和好奇心是学生自觉劳育的支撑点，是求知的良师益友，是探索问题的内在动力。

开发区第一小学五年级实验班的一个同学在山上发现了一种植物，这种植物叶子宽大，叶子末端像个小口袋，口袋里还有一些蚊子。好奇心促使她向老师求教。老师抓住机会，组织学生对这种植物进行研究。学生以小组为单位四处走访，去图书馆、书店查找有关书籍，上网查阅资料，有些小组甚至把植物移植到家里进行观察。

经过研究，学生解开了心中的疑惑，这种植物叫猪笼草，其"口袋"是用来捕捉虫蚁的。一位学生在观察日记中写道："猪笼草的捕虫袋口十分光滑，上面还有一个半开的盖子，袋口长有蜜腺，能分泌又香又甜的蜜。当贪吃的蚊子、蚂蚁等爬到袋口吃蜜时，就会掉进袋底，成为猪笼草的美味佳肴。"还有一个同学提出了大胆设想："如果在家里多种一些猪笼草，就可以取代蚊香了！"

三、做好评价管理，落实过程监控

开发区第一小学教务处指定专人负责实施教学过程监控，教师每周要按照课程计划表进行汇报，准备书面材料，如活动记录表、学生观察记录、成长日记等。此外，每位教师都要上交一个研究案例，每学期进行优秀案例评选。

学校每学期会组织优秀教师评比和先进科组评比，实验教师和课题组长要分别在课题组和全校科组面前进行述职演讲。按照上级部门对课题实验学校的要求，开发区第一小学实施课程质量监控，承接广东省课题组研讨任务。来自课题实验学校的三十多位领导莅临指导，省课题组专家随堂听课，进行案例评比、专题调研和问卷调查。开发区第一小学总结成果，出版了以"以劳育人"为课题的学校课程汇编手册。

课题研讨现场会上，领导聆听了特色课程"水果拼盘""蒸排骨"的汇报，观摩课堂教学，并到科学园亲自体验课程。科学课上，学生分成若干小组，有的小组负责测量植物生长速度，有的小组研究治理害虫的方法，有的小组学习种植技能。

领导对开发区第一小学利用课题优势，形成"以劳育人"系列综合实践活动课程的做法一致表示赞同。"以劳育人"学校课程的开发，对教师而言既是挑战，也是自我发展的机遇。学校教师参与课程开发时贡献了智慧和心血，也收获了成长的幸福。一位教师在总结时谈到："开展研究性劳动的学校课程，我们并不指望能在一两年内有什么成果发明。我们在乎的是，教师实践了没有？学生经历了没有？教师实践的过程是广泛接触其他学科、捕捉相关资源、与人探讨、整合集体智慧的过程，是提升自己的过程。"

开发区第一小学开展的课题研究成果显著。郭再祥老师多次发表论文并获奖，他的《让学生尝试自我发展——健美性劳动课例报告》获得省级论文评选二等奖，他指导学生写作的环保研究论文获得省级一等奖、市级一等奖。中山市综合实践活动课案例评比中，六位教师与学生获奖，郭再祥老师辅导的案例《香飘四季的茂生香蕉》、李红莲老师辅导的案例《对张家边温泉的研究》获得一等奖，孙宁老师辅导的案例《寻找抗日战争的足迹——水舟山炮台》、劳敏桦同学的《对南朗百莲仪山猪笼草的研究》获得二等奖。

一位学生在成长汇报中写道："我们在乎经历，因为经历就是我们人生的经验，这种经验或遭受失败，或遭受挫折，或经历新鲜，或品尝成功，无论感受的深浅多寡，最终都能为我们的生活增添一道亮色。""以劳育人"

学校课程满足了学生的成长需要，低年级的辅德性劳动帮助他们学习掌握基本的生活技能；中年级的健体性劳动和审美性劳动让他们体验生活中的创造美，在劳动中锻炼身体、促进身心健康发展；高年级的益智性劳动使他们感受到自身的发展潜力。

丰富有趣的课程体验提高了学生的探索热情，他们在愉快的课程活动中逐步学会思考、解决问题。有的学生在老师带领下爬上水舟山炮台，寻找抗日战争的足迹，躬身接受爱国主义教育；有的学生对本地温泉进行探究，了解温泉的形成因素、位置、水温、水色、流量等。有的学生充分利用身边资源，在学校科学园进行蔬菜种植，从选地、买种，到下种、施肥、除草，最后收获果实，都是学生亲自动手实践。他们即使失败也不气馁，吸取经验教训不断尝试，最终都能收获到成功的喜悦。

"以劳育人"学校课程为学生发挥特长、展示自我风采提供了很好的平台，学生可以从中获得充实的生活体验，增强自信心和表达能力。通过亲身实践参与的学习方式，学生可以逐渐养成热爱劳动的品质，学会尊重他人，加强合作意识与团队精神，综合素质得到全面发展。

网络时代小学生阅读课程建设研究

◎ 课题主持人　博凯小学　周锦连

网络时代的到来使传统阅读方式受到严峻挑战。第十六次全国国民阅读调查结果显示，2018 年我国 0—17 周岁未成年人图书阅读率为 80.4%，低于 2017 年的 84.8%。过去有专家指出，功利性阅读正影响着中国孩子的阅读品位，甚至造成他们对读书的怨恨。如今，以网络为载体的新兴传播方式分散了大众的注意力，手机阅读、平板电脑阅读等数字化阅读方式逐渐普及，导致纸质图书阅读率不断下降。面对这种情况，国民阅读率调查课题组负责人徐升国认为："纸质图书对于培养未成年人良好的阅读习惯、培养专注力，都具有数字化阅读所不能替代的作用。"越来越多人呼吁引导学生回归传统的图书阅读："不要让我们的孩子远离书香！"

网络阅读只是众多阅读方式中的一种，本身并无是非、对错、好坏之分。一方面，它很好地弥补了纸质图书阅读的缺陷，给读者提供了另一种选择。另一方面，纸质图书阅读带来的视觉、触觉甚至嗅觉的体验是网络阅读所不能取代的。技术的迭代必然带来习惯的转变。当读者主体是辨别能力不强的小学生时，网络阅读所处的境地就略显尴尬。乱花渐欲迷人眼，许多人担心网络图书的质量良莠不齐，害怕网络阅读是有毒的"新鲜梅子"。网络时代，必须培养学生的自主学习能力，增强他们的道德意识，教育他们善用批判性思维甄别信息，有效利用现有的科技工具获取知识。

开发区第一小学早在 1997 年就成功创建为广东省一级学校，在当地享有一定的声誉。随着时代发展，教师的应试观念没有完全转变，从教师到家长都没有重视培养学生自觉阅读的习惯，学校的"书香气"并不浓郁。数字阅读的普及加速纸质图书阅读的减少，学校图书馆、班级图书角的建设流于形式，使用率低。针对这些问题，开发区第一小学以课程建设为抓手，致力帮助学生培养良好的阅读习惯。

一、课程环境建设：让校园充满书香气，让教师充满书卷气，让家庭充满书屋味

（一）让校园充满书香气

"打造书香校园、走内涵发展之路"是开发区第一小学校园文化建设的永恒主题。学校领导将育人理念融于校园文化之中，寓景于情、寓理于景，情、景、理三者交融，推动校园文化建设朝着有特色、有内涵、有人文底蕴的方向发展，使校园环境具有浓厚的育人氛围，成为师生的学习修身之所。

为努力追求"让阅读无处不在"的书香氛围，开发区第一小学重视建设文化设施，精心打造主题性文化景观，"一廊两壁四园"处处皆景。精致优雅的琉璃瓦长廊是学校的标志性建筑，廊上挂着写有"积微廊"三字的匾额，意在提醒师生谨记积微成著的深刻哲理。校门两侧长 24.5 米、宽 1.8 米的中国古代文学名篇壁与中国书法名篇壁气势恢宏，展现出中国文学与书法的发展脉络和伟大成就，师生可以借此机会亲近传统文学、美学。学校的美德园以美育人、以德育人、以景育人，意在培养学生的优秀品质；科学园意趣盎然，为科学教育提供了一个探索与发现的乐园；快乐体育园色彩缤纷，是师生健身活动的乐园；弈趣园流水潺潺、枝条摇曳，形象生动的主题雕塑、精巧别致的大理石棋台、耐人寻味的棋艺诗文谚语、留待师生破解的残局，别有一番"万机分子路，一局笑颜回"的情趣。

学校图书室包括藏书室和两个学生阅览室，总面积达 400 多平方米。阅览室全天开放，师生可以自由进出看书选书，不需要办理借阅手续。每个班级图书角的藏书量在 200 本以上，学校每年会为每个班级投入 2000 至 2500 元经费，师生可以利用经费一同去书店选书，以丰富图书角藏书。学

校阅览室的书籍与班级图书角的书籍还可以"互通流动"。同时，校园网设有读书专栏和教师博客，师生可以在上面自由交流。校园广播也会每天定时播送精彩的儿童故事、儿歌等。在这种文化环境里，学生自由浸润在翰墨书香中，才有可能真正爱上阅读。

（二）让教师充满书卷气

改变教师的学习观念，引导教师明确读书的价值和真谛在于修身养性，是学校打造书香校园的关键一步。开发区第一小学聘请教授、专家对教师进行培训，并支持教师参加各种培训班。为提升教师的文化底蕴和教学水平，除了对其图书阅读数量和质量作出一定的硬性要求外，学校还通过资金补助的方式鼓励教师自主阅读，多逛书店多上网，把好书分享给大家。为进一步强化读书活动的实际效果，学校教师多次自发组织诵读沙龙，大家站在台上深情演绎自己喜欢的诗歌、散文，台下师生静心倾听、相互交流，达到寓读于乐目的的同时还提升了教师的朗诵水平和语文素质。在中山市教师进修学院运营的中山教师博客上，开发区第一小学的教师发表了多篇读书笔记、教学随笔等，文章数量在全市学校中名列前茅。

推行书香校园、提升教师阅读素养还要结合学校师资队伍的实际情况，有的放矢。针对学校女教师占比73%的师资结构特点，校长引导大家对"如何才能成为一名有魅力的女教师"这一问题进行思考。"以书润心，做雅致的女人"成为共识，一本好书可以帮助女教师定期清扫心灵的灰尘，释放内心的压力，提高人生境界，使生活更加充实。为此，学校在参考中外诸多名家列举的必读书目的基础上，根据当今女性的不同需求选取了30本书，内容涵盖文学、哲学、艺术、服装、美容、婚姻、家庭等诸多领域，引导女教师养成爱读书、多读书的良好习惯。

（三）让家庭充满书屋味

学校注重将读书活动和转变家长育人方式相结合，通过组织家长会、专家讲座、家访等活动，宣传"家校合作打造书香校园"的理念，努力争取家长的支持与配合，引导学生家长积极参与亲子阅读等活动，重视构建高雅和谐的家庭文化氛围。

学校每年会开展"开发区第一小学书香家庭"的评比活动，评比条件不仅包括家庭书房、书橱、藏书等硬件条件，还包括学生和家长参与读书活动的日常表现等。为了让各个家庭长久保持良好的阅读氛围，每学期的结业礼上，学校会为学生和家长提供一张好书推荐目录，还会在《致家长的一封信》中倡导亲子阅读，鼓励亲子多走进书店，以书为媒，加强两代人之间的情感交流和心灵沟通。

二、小学低、中、高年段学生阅读课程重难点突破

网络时代，要突破小学低、中、高年段学生阅读课程的重难点问题，需要根据每个年段学生阅读的不同特点，因材施教，对症下药，培养学生良好的阅读习惯。

（一）小学低年段：从四方面课程建设入手，培养学生良好的阅读习惯

1. 从加强汉语拼音课程入手，培养学生的阅读能力

开发区第一小学语文科组十分重视一年级的汉语拼音教学，要求每个学生能读准声母、韵母、声调和整体认读音节，能准确地拼读音节。拼读音节作为一年级的口试内容，考核结果会计入期末评价。学会拼读，阅读带注音的图画书就有了"拐杖"。

2. 从增加低年级学生的识字量课程入手，培养学生的阅读能力

学校为突破低年级学生识字量的重点问题，教育学生"大量识字，只认不写"。为了充分调动学生的学习热情，让他们能够积极主动、兴趣盎然地识字，一二年级组的吴美芯、郑素云、罗秋婵等老师申报了相关子课题，从 2017 年开始研究如何让一年级学生迅速突破识字难关，为以后的阅读铺路。经过研究，结合一二年级学生和汉字的特点，她们总结出几种让学生大量识字的方法。

（1）环境识字。让学生在生活、活动、游戏中识字，如街道广告牌、超市物品标价牌、家庭物品、书报刊物、电视广播、各类游戏等，培养一年级孩子对汉字的发现能力，引发他们的好奇心，在发现中学会汉字。

（2）童谣识字。学校教师创编了多首识字童谣，打造新型课堂教学情境。识字童谣的主要特征是字不离词、词不离句，且朗朗上口、易于诵读、便于记忆，能够达到寓教于乐的效果。

（3）形象识字。在实际教学过程中，学校教师深入挖掘教材中直观形象的因素，利用汉字本身的规律，借助形象化、趣味化的教学手段，调动学生的观察、联想、比较、思考能力，在游戏中生动愉快地识字。

（4）音像环境识字。如看电视、电影等。

以上这些识字方法符合低年级学生的年龄特点，能够激发学生的识字兴趣。经过测试，一年级学生在一年内平均识字量可达 936 个（包括课本一、二类生字），基本扫除阅读障碍。

3. 从图画书课程建设入手，培养低年级学生的阅读兴趣

图画书是深受幼儿、家长和老师欢迎的一种儿童读物，也被称为绘本。优秀的图画书具有叙事功能，可以传情达意，单单看画就能大体明白故事

梗概和内容。对识字不多的一二年级学生来说，叙事活泼、色彩丰富的画面容易吸引注意力，激发想象力和阅读兴趣。学校图书室、班级图书角购置了许多经典图画书籍，学校也推荐家长有选择地购买图画书，和孩子一起阅读，感受亲子阅读的乐趣。

4. 从听故事课程入手，培养低年级学生的阅读兴趣

根据低年级学生爱听故事的特点，学校广播每天播放儿童爱听的故事。一二年级的课外阅读课基本等于儿童故事课，故事课的教学手段多样，有视频故事、音频故事、阅读绘本故事等。讲故事的形式也丰富多样，有的是教师讲述故事的开头，学生补充后续内容；有的是教师先讲述故事的结局，让学生想象故事的开头和经过。还有画故事人物比赛、学生讲故事比赛等多种活动形式，可以加深学生对读本的记忆。

在家校联合方面，学校给家长布置讲故事的作业，获得了很好的反馈，学生都说："每天最期待的就是听故事的时间。"越来越多孩子喜欢上读故事、讲故事。教师还在讲故事时融入思想品德教育。有一次，一位语文老师给一年级的小朋友讲述童话故事《卖火柴的小女孩》，他们感动得哭了起来，老师便抓住机会，告诉他们要珍惜现在的幸福生活，好好孝顺父母。

听故事的途径多了，学生的阅读兴趣日渐高涨，不知不觉认字能力也得到提高，得以开启自主阅读的探索之旅。

（二）小学中年段：三方面课程引导，培养学生良好的阅读习惯

1. 从阅读课程进行引导

教师会指导学生课前收集所学课文的相关资料和图片，帮助学生养成"预习"的好习惯。开发区第一小学三年级的陈卓贤老师在教学《赵州桥》一课时，讲读课文之前，他要求学生先在课下收集有关赵州桥的历史资料

和图片，并在课堂上就资料进行分享讨论，取得了很好的效果。这种教学方式不仅有利于学好功课，也锻炼了学生收集和整理信息的能力。

教师需要灵活处理教材的拓展阅读部分。人民教育出版社出版的新教材以专题形式编排内容，每个单元的内容都围绕一个专题合理展开，单元末尾还编写有与专题相对应的一篇文章。这启发我们教师在教学过程中，要有整体性思路，做到整体把握、前后贯通。

开发区第一小学制订的《语文教学改革方案》中，把读书活动确定为学校的课程，还参考新课程标准，根据学生实际与综合情况编写出《开发区一小各年级读书推荐目录》，指导教师、学生、家长学会选书与阅读。为了保证学生每周有较多的阅读时间，各科组大胆进行教学改革，严格控制课外作业量，减轻学生的课业负担，同时要求学生每天中午和晚上分别留出一定的阅读时间，用来广泛浏览各种有益的课外书籍。家长要履行好监督的责任，填写《阅读登记手册》，保证学生阅读的数量和质量。学校每周专门安排两个课时作为固定的阅读时间，让学生在课堂上开展读书活动，鼓励师生之间交流读书心得。

2. 从阅读方法课程进行指导

授人以鱼，不如授人以渔。陈卓贤老师在日常教学中，十分重视读书方法和工具书使用方法的教育。他要求学生学会粗读与精读相结合，学会背诵。人们常说：熟读唐诗三百首，不会吟诗也会"凑"。陈老师告诉学生，只要对书中的精彩内容能熟读成诵，日积月累，一定能提高阅读能力和写作水平。在指导读书方法时，陈老师教育学生要带着问题去学习，抓住重点、难点，敢于提出自己的困惑。

胡晶晶、李晶两位老师也有自己独特的教学方法，她们要求学生在学完一节课后，及时总结学习这篇课文的步骤、方法以及收获，并定期总结读书笔记，让阅读成为有目的性的活动。经过训练，学生能够根据不同的文章类型熟练地运用所学的阅读技巧。

为了展示学生的阅读学习成果，开发区第一小学各个班级会定期举行阅读心得交流活动，对读书笔记进行展览与评比。每月还会开展"阅读之星"的评选活动、朗诵会、读书手抄报评比、作文比赛等，极大丰富了学生的阅读生活。

3. 从书源分享课程进行指导

培养学生乐于并善于交流的习惯，也就培养了学生乐于分享的良好品德。独生子女时代，孩子容易养成孤僻、以自我为中心的性格倾向，培养其乐于分享的品德尤为重要。

为了帮助学生养成分享的习惯，开发区第一小学带头进行读物交流。学校图书室与班级图书角的图书可以流通，班级之间、年级之间的图书也会定期交换流动。为养成学生之间交换读物的习惯，教师要求每个学生定期为班级推荐并出借一本自己最喜爱的图书。学生内部就推荐书籍评选出最喜爱的图书，对最受欢迎读物的供书人给予奖励，奖品为教师推荐的优秀读本。这些做法既充分调动了学生的阅读积极性，又可以实现资源共享，解决班级图书角更新慢的难题，提升学生的交流能力。

（三）小学高年段：双管齐下，传统阅读与网络阅读课程双轨并行

《语文课程标准》中提出，阅读的总目标是"具有独立阅读的能力，注重情感体验，有较丰富的积累，形成良好的语感。学会运用多种阅读方法。能初步理解、鉴赏文学作品，受到高尚情操与趣味的熏陶，发展个性，丰

富自己的精神世界。能借助工具书阅读浅易文言文。九年课外阅读总量应在 400 万字以上"。基于以上要求，开发区第一小学始终坚持以学生的发展为基础，打造书香校园，努力培养学生的课外阅读兴趣，提供课外阅读的时空条件，促使学生逐步养成课外阅读的习惯，提高人文素养。

高年级课程的重点是课内外阅读相结合，引导学生热爱中国优秀文学作品。开发区第一小学语文科组积极进行语文教学改革，狠抓课堂促"两翼"，在课外阅读的指导上始终遵循"三结合"的原则。

一是课外阅读与课内阅读相结合。在阅读教学中，要求教师结合教材特点，以重点训练项目的课文为"经"，教育学生掌握阅读方法；以优秀课外读物为"纬"，引导学生运用读书方法，构建经纬交错的阅读教学网络，促进知识的迁移，使课程内外相互补充、相得益彰。

语文教材的内容大多来自名家名作，如《景阳冈》《三打白骨精》《草船借箭》三篇课文分别选自中国古典文学名著《水浒传》《西游记》《三国演义》。教师应当做好延伸读物的推荐工作，比如学习《惊弓之鸟》，可以推荐学生阅读《中国古代寓言故事》；学习《少年闰土》，可以推荐阅读《故乡》。学习课文的同时，若能读一读原著，乃至作者的整部作品集，可以加深理解，积累知识，扩大视野。

二是课外阅读与写作、听说相结合。开发区第一小学的教师要求学生在阅读课外书籍后，用日记、读后感的形式对文章发表见解、想法，并在课外阅读活动课上交流心得体会。这种读、写、听、说紧密结合的学习方式，使学生的语文能力很快得到提升。

三是纸质写作与电子写作相结合。高年段学生利用网络阅读扩展阅读面，进行探究性学习。开发区第一小学的林丽媚老师在这方面颇有心得，从虚拟网络到现实世界，她带领学生去探索、去发现，寻味求知的乐趣。她在案例《探索，与网络阅读一起绽放——记一次科学探究活动》中写道：

"记得这学期刚上完有关植物的一章后，我便利用网络阅读时间，让学生自由浏览有关大自然的文章。没过几天，班上一个叫刘海龙的同学找到我，原来，他在网上阅读了许多有关植物的文章后，产生了这样一个疑问——大自然的树，树干为什么都是圆的呢？虽然他也从网上找到了相关答案，只是，是不是真的如网络上所讲的一样呢？于是，我与他，再找上几个对科学有浓厚兴趣的同学，展开了一次"网络——现实"的辨证探索之旅。这几个同学在观察了自然界的许多树干以后，发现原来平时我们常见的树干并不像网络文章中所说的是圆的，正确地说它们是呈圆锥形的，也就是下宽上窄。

"那么这样的形状在树的生长过程中起什么作用呢？于是，他们进行更深层次的探究。同学们兵分两路寻找答案，一路同学回到网络上寻找，一路同学到图书馆、阅览室查阅相关的资料。有趣的是，这两路同学所受的"待遇"相差甚远。网络组的几个孩子，只在百度上简单地敲出几个字，答案便自动找上门来了，不仅图文并茂，他们还找到一个网页，通过动画将答案展现出来。而纸质组的几位同学，在辛苦一轮后还是毫无收获，不得不半途而废。最后，两组同学共享从网络中获得的答案。经过对所得资料的研读，他们知道，原来树干的茎主要起支撑和运输两大作用。茎的支撑作用主要由木质部木纤维承担，虽然木本植物的茎会逐年加粗，但在一定时间范围内，茎的木纤维数量是一定的，也就是树木茎的横截面面积一定。学生在设想了茎的几种不同形状（角锥形、菱形等）的横截面以后，发现圆锥形具有最大的支撑力，同等材料之下，它的面积最大，且圆锥形的树干能防止外来的伤害。

"实验以后，同学们不仅知道了树干的形状，就连树干形状对树木生长所起作用等一系列的问题都解决了。孩子们可高兴了，他们像一个个的小牛顿、小爱迪生似的，拉起手，高呼着：'我终于知道树干是什么形状的了！''我们的问题解决了！''圆锥体树干可真太伟大了，我们要保护好它们！''不对！除了保护树干，我们还要保护大自然的一草一木！'是呀！这一切，都是通过孩子们的亲自动手探索而得到的，他们能不高兴吗？看着孩子们那天真烂漫的笑容，我又何尝不是一样的高兴呢？只不过，我的高兴更多了一份释然。原来，网络在带给学生多元化阅读选择的同时，也能把学生领到现实的自然界，还能促进孩子们去探索、去发现，与此同时，它还能在学生需要帮助时无声无息地伸出援手。网络阅读，让学生的思维、情感、能力一起在现实生活中绽放！"

（四）小学低、中、高年段学生阅读课程建设重难点突破还要做到"两贯通"

1.整个小学阶段贯通学生网络信息素养课程的建设

信息技术的发展深刻地影响着每一个人。如何让学生养成良好的网络素养和上网习惯，是摆在教师面前的一大难题。开发区第一小学多位教师申请研究该方向课题，并基本明确了以下思路：针对低年段学生，不倡导、不引导、不指导网络阅读；针对中年段学生，以纸质阅读为中心培养阅读习惯，初步涉及信息技术学习，以校园阅读网为主要网络阅读载体；针对高年段学生要双管齐下，传统阅读与网络阅读双轨并行，重视培养学生的网络信息素养。

开发区第一小学的袁彩萍老师从"教师有什么""网络是什么""网络有什么""如何去上网"四问入手，探究如何做才能让学生养成良好的网络素养和上网习惯。她在《浅谈小学生网络素质的培养》一文中谈到："教师自身的网络素养是决定学生网络素养的前提。21世纪的教师必须具备一定的网络知识和上网经验，只有教师具备了一定的网络素养，才能与学生就网络方面有共同的话题，才能对学生进行网络素养的培养，说出来的话才更有说服力……教师有责任帮助学生牢固树立'网络是工具，不是玩具'的意识，告诉学生懂得利用网络的人会把大多数时间放在学习上……教师也要正确引导学生认识网络的副作用。"

翟伟钰老师尝试从以下方面提高学生的网络素养。

首先，发挥好家长作用。小学生，尤其是中低年级的小学生，95%以上是在家里上网的。学校要和家庭紧密配合，要求家长陪同孩子一起上网，严格遵守约定的上网时间。家长陪同孩子一起上网既可以起到监督作用，又可以对网上的内容及时进行甄选。如果家长没有时间，一定要检查孩子浏览过的历史网页，发现不良倾向及时"亡羊补牢"。

其次，解决好学生上网干什么、去哪里的问题。教师可以考虑布置一些网络作业，向学生推荐经过信息过滤的、健康安全的游戏网站，让学生安全有度地接触网络，正确认识网络。教师要与学生约法三章，签订上网协议书，并积极与家长联系，承担监督职责。针对学生喜欢聊天交友的情况，老师可以组织设立班级、级组或者学校聊天室、论坛，对学生的聊天内容进行指引。教师可以隔三差五抛出一些与班级或学校生活紧密相关的聊天话题，比如班级管理、同学矛盾、家庭纠纷、游戏玩法等。

习惯不是一天两天就能养成的，好的素养的形成也需要时间。长期监督、指引学生上网，一定能帮助他们养成良好的上网习惯，提高网络素养。

2. 整个小学阶段贯通小学生诵读经典诗文的课程建设

经过一年多的阅读推广活动，2018年下半年，开发区第一小学学生的阅读积极性显著提高，校园内形成了浓厚的阅读氛围。同时也存在一些问题：语文、科学综合类、品德与生活类、英语、体育、美术、数学、音乐等科目的阅读时间依次递减；漫画、绘本、谜语、游戏、童话故事、科普读物、武侠、言情小说、经典文学作品的阅读积极性依次递减；现代经典文学作品比传统经典文学作品更受欢迎；部分学生偏爱轻松、肤浅的图书，回避优秀的传统文化著作。针对这些现象，学校注重开展经典诗文诵读活动。三年时间下来，实验班学生对《三字经》《弟子规》《老子》《大学》《论语》等经典能够熟读成诵。

教学过程中，有教师发现古人推崇的一些道德准则与当今社会的公序良俗不符。开发区第一小学的陈老师决定取其精华，扩大诵读范围，结合所学的课文内容指导学生背诵经典作品。她总结出学生爱上背诵经典诗文的五个窍门，分别是激趣、环境布置、展示、申报特色班、比赛。她负责的六年级学生在半学年学会背诵20多首毛泽东诗词。结合课程内容，陈老师指导学生分类背诵古诗，如"春夏秋冬"四季诗、爱国诗、边塞诗、田园诗、风景诗等。随着教学深入，她还指导学生诵读有关孝道、团结、诚实、正直、友爱、立志爱国、自信谦和等方面的格言和经典文章。朗朗上口的格言、深刻的哲理，让学生在学习过程中感受到中华优秀传统文化之美。

开发区第一小学中华传统美德美文学校课程的实践研究

◎ 课题组成员　开发区第一小学　曾辉其

习近平总书记非常重视传统文化建设，并倡导在新的时代条件下将其发扬光大。习总书记明确指出，培育和弘扬核心价值观，有效整合社会意识，是社会系统得以正常运转、社会秩序得以有效维护的重要途径，也是国家治理体系和治理能力的重要方面。他进一步指出，培育和弘扬社会主义核心价值观必须立足中华优秀传统文化。牢固的核心价值观，都有其固有的根本。抛弃传统、丢掉根本，就等于割断了自己的精神命脉。博大精深的中华优秀传统文化是我们在世界文化激荡中站稳脚跟的根基。

五千年的发展历程中，中华民族形成了以爱国主义为核心的团结统一、爱好和平、勤劳勇敢、自强不息的伟大民族精神。诵读学习有关中华民族传统美德的古诗文，既可传承中华文化国粹，丰富学生语文文化底蕴，也可以提高道德修养。《小学语文课程标准》中指出，小学语文教学应培育学生热爱祖国语言文字和中华优秀文化的思想感情，背诵优秀诗文选不少于150篇（含课文），并在大纲后面附有80首古诗词推荐篇目。这是新大纲第一次对背诵数量作出明确规定，还是对古诗词背诵作出的规定。加强古诗词背诵是小学语文教学的重要任务，吟诵积极健康的中华传统美德美文，能够提高个人的文学素养。

开发区第一小学在充分考虑学校发展实际、校园文化特色及学生成长需求的基础上，为推动社会主义核心价值观教育开发了美德美文诵读学校课程。

一、课程开发的主要思路

（一）开发区第一小学的美德园以"忠孝、团结、诚实、助人、立志、谦和"为主题设立景点，从浩繁的美德格言中探珠撷英，选取与这些主题对应的美德警句，其建设及设计理念体现了学校的育人目标和对传承中华传统美德文化的重视。美德警句隽永深刻，师生在此活动学习，能够陶冶情操，明白做人的原则和道理。

（二）开发中华美德美文诵读学校课程对深化学校育人目标、推进德育活动建设、形成德育文化特色有至关重要的作用。开发区第一小学地处沿海经济发达地区，人们长期受港澳台流行文化影响，缺少对传统文化的认识与学习，长此以往，中华传统文化将面临流失和断层的巨大危机。近年来，开发区第一小学努力打造书香校园，并向中山市申报《关于营造书香氛围、创建书香学校的实践研究》的课题，该课题得到中山市教育教学研究室领导的赏识。开发美德美文诵读学校课程是营造书香氛围、创建书香学校必不可少的一步。

（三）运用现代教学策略，改变以往古诗文教学中学生被动学习、死记硬背、机械训练的形式，提倡学生主动参与，培养他们收集和处理信息的能力。实施美德美文诵读学校课程的核心在于学生学习方式的转变，教师应当引导学生进行选择性学习、参与性学习、自主性学习。

（四）在选择诵读内容时，教师应当取其精华、去其糟粕，挑选符合以下标准的古诗文：符合小学生诵读特点，读起来朗朗上口、富有乐感、易读易记，富有音韵美、音律美，深受孩子喜爱。

美德美文诵读学校课程的开发选用了文献研究法、调查研究法、个案研究法、行动研究法等方法。开发区第一小学师生在行动研究过程中，总是遵循"计划——行动——反思——总结"的顺序。

为了跟进学生的学习进度，了解课程开发的效果及问题以便优化，教师采用了观察法、测验法、调查法和个案研究法：有目的、有计划地观察学生的变化，并进行记录、分析、总结；定期安排背诵测试；教师、学生、家长之间及时沟通谈话；追踪个别学生或个别班级的变化与进步，对课堂教学案例进行分析研究。

图8 美德美文诵读学校课程操作图

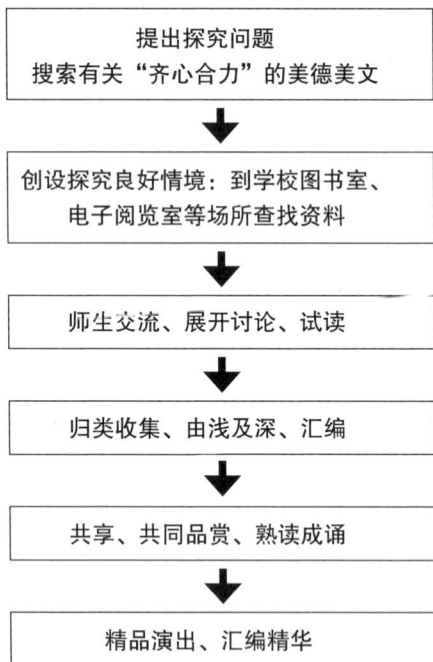

```
┌─────────────────────────────────┐
│         提出探究问题              │
│ 搜索有关"齐心合力"的美德美文     │
└─────────────────────────────────┘
                ↓
┌─────────────────────────────────┐
│ 创设探究良好情境：到学校图书室、  │
│ 电子阅览室等场所查找资料          │
└─────────────────────────────────┘
                ↓
┌─────────────────────────────────┐
│      师生交流、展开讨论、试读     │
└─────────────────────────────────┘
                ↓
┌─────────────────────────────────┐
│      归类收集、由浅及深、汇编     │
└─────────────────────────────────┘
                ↓
┌─────────────────────────────────┐
│      共享、共同品赏、熟读成诵     │
└─────────────────────────────────┘
                ↓
┌─────────────────────────────────┐
│        精品演出、汇编精华         │
└─────────────────────────────────┘
```

熟读成诵是我国传统语文教学中的一种重要方法，也是提高语文教学质量的重要手段。古诗文文体独特，富有音韵美，易读易记，是小学生喜闻乐见的学习内容之一。

明末清初的文学家陆世仪说："凡人有记性，有悟性。自十五以前，物欲未染，知识未开，则多记性，少悟性。十五以后，知识既开，物欲渐染，则多悟性，少记性。故凡有所当读之书，皆当自十五以前使之读熟。"这段话从人的生理、心理角度充分论证了小学生学习古诗文的优越性。童年阶段是记忆的黄金时期，古语云"童子以记诵为能"，抓住学生记忆力的黄金年代，让他们学习积累高雅、有深度的知识，可以受益终身。

二、课程开发步骤

开发区第一小学以《开发美德美文诵读学校课程》为研究课题，选定了实验对象、实验方法，制订实验检测细则，将实验分为四个阶段，周期三年。

（一）准备阶段（2016 年 8 月至 12 月）

1. 调查分析后确定课程开发的内容，申请课题立项，设计研究方案，进行开题论证。

2. 强化课程开发小组教师的培训，加强理论学习。

3. 向本校学生发放调查问卷，了解学生及家长对学习中华传统美德美文所持的态度及原有学习基础。

4. 主要工作：成立教师团队，制订课程开发全期计划，征求课题导师意见；组织学习有关理论，聘请专家到学校讲课；开好教师、学生、家长动员会，宣传学校课程开发工作，做好课程实验的问卷统计记录；进一步完善美德园、电子阅览室、图书室等硬件设施建设；教师团队明确职责、合理分工；对学生进行前测，测试内容包括美德美文学习兴趣、掌握情况、学生美德定性评估等。

（二）初步研究阶段（2017年1月至2018年1月）

围绕"孝道忠诚""同心协力""诚实正直""赠缕馨香"四个主题进行探究，开发学校课程。师生一起收集相关古诗文，对古诗文的诵读方法进行研讨。学校组织古诗文诵读汇报表演并录像制成光盘。教师就日常积累的课堂教学案例交流经验。

（三）具体实施阶段（2018年2月至2019年1月）

1. 初步探索：尝试各种能够提高学生学习中华传统美德美文兴趣的教学方法，不断优化改进，修正措施。

2. 深入研究：运用多种方法收集信息资料并分析研究，形成开发区第一小学特有的中华传统美德美文诵读体系。

3. 文献研究：大量查找文献资料，去粗取精、归纳整理，确定符合学校实际情况的实验思路。

以"立志诗书""谦和自信"为主题开发学校课程。学校安排中段检测，检查学生美德美文背诵积累的情况，对学生美德进行定性评估；举行中段汇报演出，包括美德美文朗诵大赛、诗法大赛、作文比赛等；组织召开现场研讨会，加强与外校教师的交流。

（四）总结经验阶段（2019年2月至6月）

在研究中不断回顾、反思、交流、调整，使实验策略趋向科学化、高效化、合理化、人性化。课题相关负责人按照主题对古诗文进行归类，分年级编印成册；编写《开发区一小美德美文学校课程》；撰写实验论文、课题总结及实验报告；录制《开发区一小美德美文学校课程》诵读光盘；举办美德美文书法展等活动，进行汇报演出。

三、课程开发的主要过程及策略

（一）大力宣传，营造浓厚的诵读氛围

每周组织的教研活动中，课程组老师从"诵读美德美文，提高人文素养"这一口号出发，向其他教师传播儿童诵读中华传统美德美文的科学性和必要性，广泛宣传课题研究的美好前景，使"知其雅意"后的教师教有所思、教有所盼。诵读古圣先贤的名言警句，不仅可以积累知识，其中蕴含的深刻哲理更会烙印在心中，潜移默化地影响人一生的思维与行为。

（二）精心筛选，编制美德美文背诵篇目

中国古典诗歌浩如烟海，学校组织教师进行讨论，精心挑选文质兼美的诗歌及作品推荐给学生，如《少年儿童阅读文库》（韵语篇、古诗词篇、新诗词篇）、《小学生必背古诗词80首》《三字经》《千字文》等经典作品。教师会进行适当讲解，引导学生吟诵，组织学生将背诵的诗歌汇编成集——《腹有诗书气自华》。

（三）因地制宜，诵读形式丰富多样

1. 分散训练

教师每天要布置美德美文背诵作业，要求学生利用课余时间完成。有的学生在跳皮筋、踢毽子的时候背诵，有的学生利用拍手游戏背诵。有的教师利用课前两分钟的空当，安排班级美德美文吟诵"小老师"带领全班同学一起诵读，其乐无穷。校园处处踏歌声，一首首脍炙人口的诗歌常挂嘴边，给学生的课余生活增添了色彩，也潜移默化地影响着学生的品格与素养。

2.集中指导

每个班级的黑板上方都留有空白用作"诗文壁"。每周由班长或字写得好看的同学在诗文壁上书写一首美德美文，并配上书画，作为本周的必背篇目。教师在课堂上对必背篇目的字音、韵律、含义进行指导，帮助学生准确背诵诗文，领略其中韵味。

3.加强课堂教学

进行古诗文教学时，语文教师应认真渗透"重情趣、重感悟、重积累、重习惯、重迁移"的教学思想，创造具体的情境，借助多种媒体手段营造良好的教学氛围，使学生在课堂上保持积极主动的状态，培养学生的交际能力，同时注重从课内向课外的延伸，力争使美德美文的教学实现创新、高效。

对于写景类美德美文，教师可以采用"诵读感悟、情境导学"的方式，充分利用音乐、图片等载体创建情境，引导学生想象感悟，动情朗读。也可采用"即兴创作、一比高低"的方式，指导学生创作，让学生把自己的作品与古诗词进行比较，从而深刻感受美德美文的精练之美、意境之美。对于叙事性美德美文，教师可以采用"自读自悟、再现延伸"和"质疑问难、推敲赏析"的方式，引导学生在自读自悟的基础上，选择喜欢的方式（诵、唱、画、编、演等）重现古诗。对于相同主题的古诗，可以采用"以点带面、横向比较"和"主题延伸、深入人心"的方式，先扶后放，帮助学生增加古诗文积累，提高文学鉴赏水平。

4.注重学科整合

课题研究实践不应局限于课堂，还应将美德美文课程与其他学科、课外活动有机结合，全面提高学生的人文素养。

（1）美德美文课程与音乐课、美术课结合。音乐课上，教师引导学生给经典古诗文配上节奏，即兴说唱；或者在优美的音乐声中深情吟唱。美术课上，学生以古诗文为内容，用画笔描绘诗中的意境。

（2）美德美文课程与班队活动结合。教师以美德美文为载体开展各种形式的中队活动，如"在诗词王国里遨游""古诗伴我行""诵古诗、学美德""编古诗小报"等。通过背、唱、演、说、画等形式，学生从中领会中华诗词的精粹，学习做人的真谛。

（3）美德美文课程与信息技术课结合。学校为三年级以上的学生开设了信息技术课，锻炼学生收集和处理信息的能力。教师组织三至六年级的学生利用假期自由选择课题，组队进行古诗专题研究性学习。有人研究田园诗人王维，有人研究婉约词人柳永，有人研究边塞诗，有人研究送别诗，教师还引导学生成立了"苏轼研究小组""李白研究小组""李清照研究小组""王维研究小组"等多个研究小组。

5.注重活动渗透

（1）扩诗演诗：学生选择自己喜爱的诗篇，发挥想象力丰富意境、续编情节，将文字变成生动可感的画面。在此基础上组织课本剧表演，如《游子吟》《塞下曲》《回乡偶书》等诗歌表演都让人拍案叫绝。这样的活动既丰富了学生的想象力，也提高了学生的表演能力和文学审美能力。

（2）以诗铭志："给孩子人文的底蕴，还孩子多彩的童年"是开发区第一小学语文教师追求的目标。美德美文课程教学中，教师组织学生把有关奋发进取、立志爱国的诗句进行收集、分类、诵读，选出喜爱的诗句作为自己的座右铭，以古人之学思行督促自己的学思行。有的学生还自创古诗文座右铭，以时时勉励自己。通过这种活动，学生不仅积累了许多优秀的诗作，还丰富了内涵，陶冶了情操，提高了品位，使学生一生受益。

（3）综合实践：开发区第一小学将"寻找你最喜爱的诗人"作为假期综合实践活动作业，让学生跟随诗人的足迹，了解诗人的生平经历、趣闻轶事。有的班级在作文课上举行"我最喜爱的一位诗人""我最喜爱的一首古诗"等讨论活动，指导学生书写对诗人精神境界的认识、对诗作的鉴赏评价，锻炼学生的写作能力。

（4）古诗擂台：每学期，实验班级会举行"背诗大王"擂台赛。擂台赛模仿的是中央电视台的节目《挑战主持人》，按成绩竞选周擂主、月擂主、季度擂主、学期总擂主。每次比赛都备受关注，参赛学生个个"有备而来"，战况精彩激烈。

（5）吟咏诗会：学校每学期结合传统节日、纪念日，开展各种形式的诗歌吟诵活动。如在邓小平同志诞辰周年纪念日开展"春天的故事——怀念小平"主题诗会，学生用饱含深情的诗词表达对邓小平同志的无限缅怀与崇敬。教师节前夕，学校开展"感念师恩"诗词吟诵活动。中秋佳节，组织师生集体吟诵《水调歌头》《望月怀远》。

（四）加强教师古诗文积累，言传身教，注重示范

教师的言行直接影响学生的学习行为。为了更好开展学校的美德美文诵读活动，教师首先要学会吟诵古诗，才能进行美德美文教学。以我带他、相互感染，热爱美德美文的教师可以自发带动身边其他教师一起学习。

（五）为学生才艺表演构建展示舞台

为了给学生提供展示自我的机会，开发区第一小学定期举行"家长开放日"活动，学生登台献艺，家长可前来观看才艺表演。学生在全校老师和家长面前进行古诗文诵读表演，不仅可以锻炼心理素质，增强自信心，

还可以展现自我风采，提高表达能力。这一活动深受师生欢迎，也赢得了家长的广泛好评和大力支持。

四、课程开发的成果

表10　循序渐进、反复巩固的中华传统美德美文诵读路径

时间段	每日	每周	每月	每学期
采取措施	读写十五分	一诗一文	三个"一"	大展示
具体内容	每日专为诵读中华传统美德美文留出十五分钟：或写一张以美德美文为内容的书法习作；或诵读中华传统美德美文；或写一段阅读心得体会	1.每周利用课余时间诵读一首古诗，一篇古文 2.语文课前交流自己喜欢的座右铭 3.学生回家向父母背诵一首美德美文	1.课题组老师每月上旬需开设一节有关美德美文阅读的专题讲座 2.每月中旬举行一次班级美德美文学习沙龙，交流学习方法和心得 3.每月下旬全级段举行一次美德美文竞赛活动	每学期举办一次成果展或家校诗文大联欢，展示优秀美德美文摘录笔记、名句书法荟萃、美德美文研究优秀小论文，进行诗词短剧汇报表演等

表11　多元立体的中华传统美德美文诵读体系（横向）

学生	家庭	班级	教师	学校	社会
每生三个"一"：一份中华传统美德美文背诵个人档案，一本背诵过的诗词集锦本，一张中华传统美德美文诵读评价表	1.每日一问：孩子在校背诵了什么诗文？ 2.每周一比：开展"赛诗会"，激发孩子学习积极性 3.引导父母子女一起诵读，增进亲子感情，提升家庭文化品位	1.设立班级"经典之窗"，评选班级"诗王"，开展"古诗擂台赛" 2."男生、女生大PK"，用中华传统美德美文的图文布置教室	开设教师"人文讲坛"与"经典沙龙"，探讨诗文诵读中出现的问题，互相交流、学习、提高	打造中华传统美德美文载体：通过经典长廊的设置、诗文图展及古诗诵读比赛等，调动学生学习中华传统美德美文的积极性	1.鼓励学生参加孔庙的"诵经班"等各类诗文诵读活动 2.邀请诗词专家来校讲课

161

表12　多元立体的中华传统美德美文诵读体系（纵向）

诗文诵读作业	诗文诵读评价	诗文诵读比赛	诗文诵读考试	诗文诵读活动
形式多变的中华传统美德美文诵读作业，如小小书法家、小小朗诵家	评价注重多样化和灵活性，注意教师的评价、学生的自我评价、相互评价、家长评价相结合，形成性评价和累积性评价相结合	利用小学生的好胜心理开展形式多样的比赛，如班际擂台赛、男女PK赛、师生对抗赛等	1.分年段设计"诗文诵读评价方案"，对学生的诵读情况进行评价 2.平时考试、测验中适当穿插诗文诵读运用题目，引起学生及家长的重视	开展形式多样的诗文诵读活动，如主题队会、扩诗演诗唱诗、师生对诗、模仿创诗等，以复习和巩固学习结果

表13　经典诵读学校课程建设

一年级	二年级	三年级	四年级	五年级	六年级
《三字经》《弟子规》节选	《小学生必背古诗七十首》前二十首，叙事诗《木兰诗》，《论语》节选	《小学生必背古诗七十首》前四十首，《论语》节选，叙事诗《卖炭翁》等	《小学生必背古诗七十首》前六十首，《论语》节选，叙事诗《陌上桑》《陋室铭》《爱莲说》等	《小学生必背古诗七十首》，五首与衢州相关的古诗，《论语》节选，叙事诗《琵琶行》，"豪气报国"系列诗歌	《论语》节选，《亲情赋》《月光曲》《乡情歌》《友情颂》系列，《岳阳楼记》等

五、课程开发的反思

用美德美文教育培养学生的人文素养是一个漫长的过程。课题研究中，教师碰到了许多问题，比如不是所有师生都愿意积极参与到每一项活动中来，教师间、学生间的差异比较明显，如何帮助弱势群体得到充分发展，怎样使美德美文诵读活动更丰富、更具个性，如何将美德美文诵读活动与其他学科更好融合，使学生素养在更广泛的领域发展等，都值得进一步探索。

学校课题组确立了今后一段时间的课题研究方向。一是充分运用网络资源，在更高端的领域开展诗词研究活动，有效结合诗文诵读活动与综合实践活动，培养学生的研究能力和探究意识，发展综合素养。二是不断完善美德美文校本教材，使这一课题的研究得以延展深化。三是组织教师对美德美文进行更为系统和全面的研究，为培育学生的人文素养奠定坚实的基础。

总之，这一课程为开发区第一小学校园注入了活力，给学生带来了无尽乐趣。应当再接再厉，不断优化学校课程，发展学生的兴趣和特长，为学生的终身发展奠基。

小学阶段自觉育劳课程建设实践研究

◎ 课题组成员　开发区第一小学　林丽媚

21世纪的竞争是人才的竞争。社会发展对人的素质水平提出迫切要求，只有擅长自我教育、自我发展且具有极强主体意识的人，才能成为新时代的主人。

受应试教育影响，绝大部分学校的教学活动打着素质教育的幌子，依然我行我素，片面追求升学率，重教轻学，忽视了学生素质的养成和发展，轻视了学生活动的独立性和自主性。由此制约了学生自身素质的提高，特别是实践能力和创新意识的提高。

开发区第一小学地处经济发达的国家高新技术产业区，经济转型、社会发展已向当地学校提出了更高要求，培养高素质的劳动者成为学校现在和未来最紧迫的任务。本校自20世纪80年代以来进行了整体改革，鲜明树立"以劳育人"的办学模式，人才辈出，成绩显著。社会需要具有自我发展意识、自我创新精神的高素质人才，为此，学校以"以劳育人"为基础，全面实施自我发展教育，把"自育"理念渗透到劳动教育中，构建出适应时代要求、适合学校发展的新的育人模式——"自觉育劳"教育模式。努力引导学生在知、情、意、行的良性互动中，走自我发展之路。

一、"自觉育劳"课程建设研究的内容

在教师的引导下，学生逐步学会自觉地自我发展知情意行。自觉是学生发展的首要之点。根据这个基本策略，学校确定了课程建设的思路，即探索能够强化学生劳动的主动性、目的性、计划性、协调性和预见性的劳动教学模式，引导学生在劳动实践中认识自我、发展自我，培养学生的自育能力，提高学生的认知素质、情意素质、行为素质。

基于以上思路，开发区第一小学确立了课程建设的基本内容：小学生"辅德性劳动"的研究，小学生"益智性劳动"的研究，小学生"健体性劳动"的研究，小学生"审美性劳动"的研究，小学生劳动教育自我发展手册的设计与使用。

二、"自觉育劳"课程建设研究的实施步骤

（一）准备阶段（2012年1月至8月）

1.制订实施方案，组织培训课题成员，让课题组成员深入理解"自觉育劳"的教育理念。

2.挑选实验班。

（二）实施阶段（2012年9月至2015年1月）

1.对全校6个实验班、328名学生进行问卷调查，了解他们的劳动习惯、

劳动意识和技能。调查发现，学生普遍缺乏劳动的主动性，劳动意识淡薄。

2. 课题组根据自觉的五个特性，制订了学生"自觉育劳"的目标体系：引导学生会自知，了解自己的劳动习惯和劳动意识；会寻的，初步认识劳动对提高自身素质的作用；会计划，能有计划地参加各种劳动，学习各种劳动技能；会备料，能积极主动地准备劳动工具；会实施，能在劳动中发现窍门，熟练掌握劳动技巧；会自控，能有意识地控制自己在劳动中的表现；会自评，能正确衡量自己在劳动中的表现；会自勉，能运用自我暗示、语言激励等方式激励自己克服困难。

3. 根据小学生的年龄特点和行为特点，各年级实验班确定了如下研究重点：

（1）一二年级重点进行小学生"辅德性劳动"的研究，以培养学生劳动的主动性作为研究切入点。

针对一二年级学生自理能力差、依赖性强的特点，教师从身边小事入手，培养学生的自觉劳动意识和良好的劳动习惯，为此专门设计了低年级辅德性劳动系列课程，从时间和内容上对低年级学生的劳动做了细致安排。

（2）三年级重点进行小学生"审美性劳动"的研究，以手工制作、美化环境等手工劳动为研究内容，以培养学生劳动的主动性作为研究切入点。

研究过程中开展了丰富多彩的活动，如"我的小制作""我学插花""我学水果拼盘"等活动。学生兴趣浓厚，积极主动，开动脑筋，克服困难，得到了极大的锻炼和提高。

（3）四年级重点进行小学生"健体性劳动"的研究，以烹饪、种植等劳动为主要内容，以培养学生劳动的计划性为切入点，开展了"我当小厨师"等活动。

（4）五六年级重点进行小学生"益智性劳动"的研究，以种植、调查研究、小发明、小制作等劳动为主要内容，以培养学生劳动的协调性和预见性为切入点。

研究过程中，学生通过各种方式查阅资料，积极请教老师、家长，取得了较好的教育效果。

4. 使用自我发展手册是引导小学生自我发展的有效方法，能培养学生自我认识、自我反省的能力，提高学生自我监控的能力，也能让学生从中得到激励和鼓舞。

图9　自我发展手册

学生姓名_____　班级_____　第（　）周
1.这个星期，我主动地参加了_____
（劳动内容）。在劳动中，我主要
做了_____。
2.我对自己说：_____
3.小组成员对我说：_____
4.老师对我说：_____
5.家长对我说：_____
综合评价等级：优秀　良好　一般　比较差

在使用自我发展手册时，教师鼓励学生成立自我发展小组，坚持一周一填，利用班会课进行评比，评选"自我发展之星"，进行奖励表彰。

5. 及时收集资料，整理个案，理论联系实际

研究过程中，课题组成员共撰写《让学生尝试自我发展——审美性劳动课例》《开展研究性劳动，架起学生自我发展的桥梁》《小皇帝上学记》《小学生劳动自我发展手册的设计和使用》《家长在学生自我发展过程中观念的

转变》《黄辣椒的种子为什么不发芽》等总结和个案，及时对课程建设成果进行总结。

三、"自觉育劳"课程建设研究的成效

（一）各实验班学生养成了良好的劳动习惯、劳动意识、劳动积极性，劳动中克服困难、解决困难的能力明显提高。

（二）各实验班学生学会在劳动中认识自我，自我发展的能力得到加强，学生的认知素质、情意素质和行为素质得到提高。

（三）师生认真学习并实践"自育"模式，自我发展意识提高，学校德育效果良好。

四、课程建设的经验与反思

课程建设过程中，课题组教师有如下体会：

（一）领导重视、创设良好的课题研究氛围是课程建设的前提。如何把课题落到实处，使课题研究科学、有序、有效进行是课程建设的关键。对此，我校领导高度重视，成立了校长亲自领导的课题研究小组。

（二）学习理论、认真组织是进行高质量课程建设的保证。课题组专门组织教师对自我发展教育理论进行系统学习，对课题研究过程中出现的问题进行深入总结、反思，使课题组成员形成更充分的认识。

（三）学生的个体发展离不开教师的正确引导，教师只有在活动中认真引导学生自定向、自运作、自评价、自激励，才能让学生在知、情、意、行的体验中得到自我发展。

（四）学生自我发展的过程中，家长的配合能起到巨大作用。

（五）成立自我发展小组能较好地促进学生劳动的积极性、主动性，帮

助他们养成合作共享的良好品质。劳动中培养的自我发展能力能否迁移到学习中去，如何把劳动中培养的自我发展能力迁移到学习中去，这些问题还有待进一步探究。

（六）教师自我发展是学生自我发展的前提，课题组教师在这方面还有待提高。

小学生综合实践活动课程建设研究

◎ 课题组成员　南朗小学　陈敏华

一所学校的成功，关键在于找到一条特色发展之路。课程是校园文化的重要载体，课程文化建设的成效将直接影响校园文化建设。自新课程改革实施以来，我校以综合实践活动课程为契机，积极思考将综合实践活动与学校的隐性课程、非隐性课程进行整合，从而探索特色发展之路。经过多年努力摸索，南朗小学逐渐形成以综合实践活动建设为重点的特色发展之路，并形成一系列行之有效的做法。

一、特色理念衍生课程理念——因地制宜塑愿景

综合实践活动课程是基于学生的直接经验，密切联系学生的自身生活和社会生活，体现对知识综合运用的课程形态。它面向学生完整的生活领域，为学生提供开放的个性发展空间，注重学生的亲身体验和积极实践，发展学生的创新精神、实践能力以及良好的个性品质。这种本质属性决定了我们的教育是开放的，教师是开放的，学生也是开放的。我们决定建构一种全新的开放理念来指导行动，并确立了如下内容：

（一）综合实践活动课程的核心理念："三个柱子"理论——德育、智育、综合实践活动；人人都是综合实践活动指导老师；乡土依托、突出主体、联系生活、回归生活。

（二）综合实践活动课程的价值取向：教育有效发展、形成学校特色、教师实现成长、学生素质提高。

（三）综合实践活动课程的总体目标：密切学生与生活的联系，推进学生对自我、社会和自然之间内在联系的认识和体验，发展学生的创造能力、综合实践能力以及良好的个性品质。

（四）行动口号：为课程体系添彩、为教师发展服务、为学生成长奠基。

二、利用家乡资源构建学校课程——无边光景一时新

学生是学习和发展的主体，是教学活动中最重要的因素。每个学生既是待开发的教育资源，又是这一资源的拥有者和开发者。我们应从知识与能力、情感态度与价值观、过程与方法三个维度出发综合考虑，在活动过程中锻炼学生发现问题、分析问题、解决问题的能力，使他们变"被动、单向、接受"为"自主、合作、探究"。

作为农村小学，南朗小学在综合实践活动课程的开发与实施中倡导以农村生活为基点，以农村生活环境作为资源挖掘的基本素材。几年来，我们围绕"四条主线"做到"四个结合"，创建课程特色。

（一）四条主线

1. 人与自然——亲近自然——关注家乡的自然环境。

2. 人与文化——感受人文——领略南朗地方传统文化。

3. 人与社会——走进社区、田野——认识农村生活，关注现实世界。

4.人与自我——认识自我——塑造和完善农村孩子的自我，创建美好人生。

（二）四个结合

1.在主题确定上做到"教师申报与学生选择相结合"。

2.在资源开发上做到"校内资源与校外资源相结合"。

3.在内容整合上做到"综合实践活动与学科教学相结合"。

4.在课时安排上做到"集中组织与分散活动相结合"。

我们把综合实践活动与学校课程建设进行整合，立足乡土文化、名人轶事、人文景观、自然风光、民间传说、民间艺术等方面，加强开发隐性课程，进而确定各年级的校本课程建设内容与课程目标。学校课程与综合实践活动的融合，使综合实践活动焕发出新的活力。

南朗小学的综合实践活动课程内容在日常实践活动的基础上进行拓展与提高，以文本的形式呈现，从而使教师操作有所依据，避免盲目开展活动，促进课程的有效进行。

三、综合实践整合学科教学——为有源头活水来

综合实践活动包括"研究性学习""社区服务与社会实践""劳动与技术教育""信息技术教育"四个指定领域。任何活动只有与学科融合才能激发教师的教学热情，从而保证教学活动质量。教学过程包含许多实践活动，如何将学科实践活动与综合实践活动有机融合，是我们思考的主要内容。

多媒体技术的使用使教学更加直观和多元化。在语文课本第七册《观潮》一课的教学过程中，教师通过多媒体网络视频，让学生在视觉上感受涨潮的壮观；通过传统的课文朗读，让学生在听觉上体悟涨潮的声音。教师还

可以组织学生对涨潮的声音进行分类、收集、研究等，提升他们自主学习、合作探究的能力。

以上案例是将信息技术与语文课程整合后的学科综合实践活动。信息技术是综合实践活动课程的重要组成部分，信息技术与学科课程的结合具有多样性和创造性，二者相互融合、相互促进。

综合实践活动的内涵可以在教学过程中得到丰富。各个学科都有与综合实践活动结合的"潜能"，比如美术课和劳动与技术教育结合，数学课、科学课与研究性学习结合，品德课与社会实践结合等。我们不断探索，将这些实践活动有序整理归类，编拟出《学科综合实践方案集》。

为保证方案落地，我们要求主学科教师从日常自习课中抽出一个课时实施学科综合实践活动。目前，各个年级已进入综合实践活动方案的实施阶段，力图从实践中总结经验，不断完善方案。《学科综合实践方案集》中对活动构想、活动安排已进行了初步规划，为一线教师减轻了收集资料、设计活动的难度，也为教师自主优化活动、展示个性提供了广阔的空间。后续调查显示，该方案集得到了教师的一致好评。

四、各项活动融入综合实践——千树万树梨花开

《新课程标准》中明确提出"努力建设开放而有活力的课程"，唯有开放，留出空间，教学才会有活力。课程的开放是针对传统教学"课堂中心、书本中心、教师中心"的弊端提出的。综合实践活动课程是一门基于生活实践的课程，无需遵循固定的、知识性的教学任务要求，该课程从实际出发，要求学生利用经验和智慧解决生活中的问题，为学生能力的培养、个性的发展提供了广阔空间。由此，我们计划将综合实践活动课程与以下活动进

行整合。

（一）与主题活动整合

每个学期，各个学校都有相应的主题节日，这些主题节日大都历时较长，需投入较多的人力、物力，是开展主题式综合实践活动的好机会。为了最大化地解放学生天性，让学生在活动中得到锻炼与成长，组织主题活动时，我们策划以综合实践为思路，开展分阶段、主题式的专题节日。

例如读书节，我们围绕文学名著开展有层次、分阶段的读书活动。第一阶段活动为"读故事，集卡片"，教师播放与名著相关的长篇评书和电视片段，激发学生的阅读兴趣，鼓励他们了解故事中的人物，有计划、有步骤地读故事，两周之内通读全书。第二阶段活动为"'名著知识知多少'知识竞赛"，师生共同制订竞赛题目，通过小组必答、抽签回答、小组抢答、小组间互问互答等灵活多样的形式开展。在学生已较为认真地阅读名著的基础上，通过竞赛的形式加深其对著作的理解和记忆，帮助学生对名著的情节、人物、文化背景有更深层次的掌握。有了前两个活动作为铺垫，第三阶段活动则是"名著大家说"，学生向他人分享自己印象最深的人物，介绍自己喜欢的故事，讨论对名著中人物的看法，评选出最喜欢的人物和最不喜欢的人物。通过这种论证，让学生学会辨证地看待书中的人物，提高分析能力和辨别是非的能力。教师还可鼓励对名著感兴趣的学生写下调查报告，有助于激发孩子的阅读兴趣，提高阅读实效，营造良好的课内外读书氛围。

（二）与少先队活动整合

少先队是学校的生力军，也是比较频繁开展活动的组织。如何整合综合实践活动与少先队活动，达到丰富学生生活、促进学生发展的效果，是我们的主要出发点。

例如，我校少先队组织的爱国主义系列活动——寻找抗日英雄的足迹，学生在班级内部分别成立调查组、历史资料组、实地调查组、美文美诗收集组等。在老师指导和家长协助下，学生参考《南朗地方志》《南朗名人胜迹》等书，实地采访当地的抗日战争烈士家属，收集有关南朗抗日战争的文字资料、图片和录像，并对其进行分析、筛选、整理，制成多媒体课件。活动过程中，学生学会发现问题、研究问题、解决问题，体验到合作的乐趣，收获了成功的喜悦，提高了自身的道德认识，加强了社会责任感。

（三）与社会实践活动整合

陶行知先生说："要做，要真正做，只有到社会上去，以社会为学校。这样，教育的材料、教育的方法、教育的工具、教育的环境，都可以大大增加。"要使学生成为真正有学问的人，教师必须带领学生走出课堂，走进丰富多彩的社会生活，激发他们探究社会的强烈欲望，增强他们主动探索的能力，为综合实践活动学习拓宽天地。

1. 了解家乡地理环境

杭州的学生可以对西湖美景进行考察，广西的学生可以对桂林山水进行考察，不同地区的地理环境各具特色。借研究家乡地理环境之机开展活动，将温润的乡土情融入综合实践活动，可以丰富活动内涵，培养学生热爱家乡的情怀。中山市南朗镇作为孙中山先生的故乡，凭借其优越的地理环境和人文特色形成了丰富的旅游资源，孙中山故居、陈氏大祠堂、云梯山、崖口红树林等都是南朗的标志性景点。为此，我校开展了"我爱家乡的山和水""玩在南朗""南朗美食——鸭粥""南朗文化知多少"等综合实践主题活动，以加深学生对家乡的了解，激发其建设美好家乡之情。

2. 了解家乡人文环境

挖掘家乡人文环境特色，是开发综合实践活动课程的又一条线索。教师可以充分挖掘当地的人文环境资源，结合传统教育模式，实现综合实践活动的德育功能。南朗有不少历史古迹，我校以此为依托，开发了"走进文化名镇——南朗""寻找革命家孙中山的足迹""参观陈氏大祠堂"等系列主题活动。通过这些活动，学生认识了家乡的英雄名人，了解到他们成功的历程和家乡悠久而光辉的历史，也培养了学生自主参与社会实践活动的意识，提高了学生的公共意识、道德意识，激发了他们的自豪感、使命感和社会责任感。

3. 了解家乡生活环境

社会调查可以培养学生的实践能力，是学生接触社会、感受生活的良好形式。学生以小组为单位，就社会上发生的某一现象进行调查，通过实地走访、资料收集、数据分析等方式对现象的起因和应对方法得出较为成熟的结论。通过此类活动，学生可以了解社会现状，认识周围的生活环境，参与公共服务，为以后走入社会积累经验。

针对近年南朗河面漂浮物较多、水污染严重的现象，我校组织学生开展"保护母亲河"的社会调查活动，要求学生通过调查，找到水污染的原因，并提出治理对策。学生以小组为单位分别拟出调查提纲，随后沿河两岸进行观察、访问，并做好记录，再对调查资料进行整理，最后交流调查结果。学生归纳总结出两点江水受到污染的主要原因：一是两岸居民会将生活垃圾倒入江中，既污染江水，又堵塞河道。二是沿岸工厂的工业废水未经处理直接排入江中，造成河水污染。针对污染原因，学生提出以下解决办法：大力宣传"爱护环境，人人有责"的理念，增强居民的环保意识；规范居民生活垃圾的处理，并对其进行集中整治，严禁将生活垃圾倒入河中；工厂科学处理工业废水。

从我校近年的摸索与实践中，我们深刻体会到：综合实践活动课程只有依托本土资源，与其他活动和课程实现多元融合，才能焕发出新的生命力，带来别样的精彩，也只有如此，才能更好地帮助学生发展，走出一条特色发展之路。我们相信，这只是迈出的第一步，在未来的日子里，南朗小学一定会创造出更多属于自己的特色课程，为孩子创造出更加宽广的舞台，撑起一片晴空。

一枝一叶总关情
——开发区第一小学美德园设计方案介绍
◎ 课题主持人　博凯小学　周锦连

一砖一瓦会说话，一枝一叶总关情，这是开发区第一小学校园文化建设努力追求的境界。学校领导将育人理念融入校园文化，推动校园文化朝着有特色、有内涵、有人文底蕴的方向发展，校园环境朝着绿化、净化、美化、文化的方向建设，使开发区第一小学的校园充满浓郁的人文气息，成为师生学习修身之所，这与学校"德育求善、智育求真、体育求美、发展求全"的小学思想相吻合。师生在其中活动、学习，接受健康文化的洗礼，让身心"既善且美"。

21世纪初，广东省开展"爱国、守法、诚信、知礼"的现代公民教育活动，落脚点是培育热爱祖国、遵纪守法、诚实守信、知书达礼的现代公民。

继承和弘扬中华民族传统美德是社会主义现代化建设的客观要求，民族文化传统是民族的根、民族的魂、民族的血脉，它长久不息地流淌着、延伸着，造就了民族的品格和特质。只有去芜存菁、择善而从，才有可能开辟中华民族文化和道德的新境界。

美德园原本是校园里一块没有名字的绿地，处在科学楼与教学楼之间，绿色文化长廊的背后。设计者从"泱泱中华，礼仪之邦，道德传统，源远流长"的想法出发，围绕"仁、义、礼、智、信"的传统文化核心，以"忠孝、团结、诚实、助人、立志、谦和"为主题设立校园文化景点。

主题一：忠孝。设计者选择了一块小石头紧挨一块大石头的景观，比喻孩子依偎在母亲身边，一旁刻有诗句："乌鸦尚反哺，羔羊犹跪足；人不孝其亲，不如禽与畜。"

主题二：团结。学校里有两棵古树机缘巧合下生长在一起，合成了一棵，长得枝繁叶茂、生机勃勃。根据这棵天然古树的生长特点，结合团结才能成功的寓意，将其命名为"同心树"。这一主题景观对应的名句为："能用众力，则无敌于天下矣；能用从智，则无畏于圣人矣。"

主题三：诚实。设计者以五棵高大挺拔的葵树为喻，意在说明做人要像葵树那样诚实、正直、顶天立地。这一主题景观对应的名句为："惟诚可以破天下之伪，惟实可以破天下之虚。其身正，不令而行；其身不正，虽令不从。"

主题四：助人。设计者以一排默默散发芳香的白兰花树为喻，意在说明做人要像白兰花树，对朋友赠缕清香。这一主题景观对应的名句为："出言不慎，如利剑伤人；言语明智，如济世良药。"

主题五：立志。设计者在一处亭台两侧刻上名对联："风声雨声读书声，声声入耳；家事国事天下事，事事关心。"这一主题景观对应的名句为："男儿不展风云志，空负天生八尺躯。"

主题六：谦和。设计者以竹树为喻，意在告诫学生做人要谦和、虚心。这一主题景观对应的名句为："人怜直节生来瘦，自许高材老更刚。"

六处小景点围绕以"成长"为主题的雕塑建筑，构成了美德园的全部景观。美德园承载着学校的殷切期望，希冀孩子用心领悟这六点人生哲理，在蓝天下快乐成长，在阳光下茁壮成长，在拼搏中健康成长。

美德园是富有特色与文化内涵的主题公园，环境清幽雅致。但是，只凭几处景物、几句诗文，未免显得单薄。为了进一步丰富美德园的文化内涵，开发区第一小学申请立项课题——《中华传统美德美文诵读学校课程的实践研究》。

经过七年摸索研究，课题组取得以下研究成果。

一、学生的审美情趣和语文素养得到提高。诵读古诗文能够陶冶情操、拓宽视野、增长知识，提高审美情趣和文化素养，培养良好的语感离不开大量阅读。学校将诵读古诗文作为每天的必修课，对学生养成良好的阅读习惯起到重要作用。诵读古诗文的过程也是将中华优秀传统文化的精粹根植于学生心灵的过程，这种收获和领悟将会内化为精神养料伴随一生，他们的人生也会因此更加充实灿烂。

二、学生的写作能力得到提高。我们惊喜地发现，学生在写作时尝试将学过的古诗词融入文中，使作文的内容更加丰富，底蕴更加深厚。

绿绿的草，黄黄的花，到了秋天都变黄了。不是草儿不再依恋这五彩的世界，也不是花儿不眷恋春天的恩情，而是它们相信："落红不是无情物，化作春泥更护花。"

——胡粤婷《秋天的风景》

中秋节的晚上，我们家聚在一起赏月。我坐在朝东的窗口呆呆地望着那圆盘似的洁白无瑕的月亮，忽然想到在外打工的人，为了赚钱养家糊口，顾不上与家人团聚，只能遥望家人，真是"每逢佳节倍思亲"啊！想到这，我不禁联想到苏轼的《水调歌头》中的"但愿人长久，千里共婵娟"。

——胡粤婷《中秋之夜》

三、学生受到教育，感悟到做人的真谛。比如学生读到《弟子规》中的"朝起早，夜眠迟；老易至，惜此时"，就明白人生短暂，要珍惜当下；读到"冠必正，纽必结；袜与履，俱紧切"，就明白在外要仪容端庄，大方有教养。学生不仅从诗文中学习道理，也将这些名言警句应用到写作中。

小华看到车上的乘客都不愿意让座给那位老爷爷，就想起孟子写的"老吾老，以及人之老；幼吾幼，以及人之幼"，说的不就是尊敬老人，关心老人吗？想到这，小华立刻站起来说："老爷爷，您坐这吧。"

——陈慧明《让座》

秋天到了，一群蚂蚁很勤奋地准备过冬的粮食，而蝈蝈却躺在树下睡懒觉，还取笑蚂蚁那么傻。到了冬天，蚂蚁躲在窝里吃准备好的粮食，而蝈蝈因为没有准备粮食饿死了。正所谓："勤有功，戏无益。"

——陈泽源《蚂蚁和蝈蝈》

四、学校德育特色活动卓有成效，受到广泛关注与赞赏。学校多次组织古诗文诵读等表演，深受好评。中山市德育工作现场会在开发区第一小学召开，中山市教育和体育局领导亲临现场，对美德园的设计理念表示认同，对开发区第一小学弘扬中华民族传统美德的教育活动深表赞赏，并表示希望学校继续深化课题研究，形成德育特色。

五、对师生学习中国经典传统文化起到重要作用。学校诵读经典作品的课题实验已持续五年，成绩喜人。学校教师有多篇论文在省市级刊物上发表，学生在竞赛中取得良好名次。

书香校园梦

◎ 课题主持人　博凯小学　周锦连

一、"梦"缘何来

在一片热土上，有一群教育者为打造教育乐园、实现教育理想孜孜不倦地努力着，他们希望用热情和激情还原梦中出现的场景：窗明几净的校园，绿树成荫，鸟语花香，书声琅琅；师生在这里接受文化的洗礼，陶冶身心，净化心灵；学子有文化、有素养，教师高雅而富有内涵。

风声雨声读书声，声声入耳；家事国事天下事，事事关心。为了追寻这样的教育理想，开发区第一小学从开展大量阅读活动入手，努力打造书香校园。师生通过赏读经典名著，心灵得到滋养，学生树立了远大的理想抱负，养成终身受益的好习惯；教师素质提高，变得更加优雅聪慧。

我们有这样的教育之梦，主要是出于课程改革要求与传统应试教育之间的矛盾，升学压力与培养学生良好学习习惯的迫切需要之间的矛盾。中山是民主主义革命先行者孙中山的故乡，有丰厚的历史文化资源，在文化发展上有先天优势。

近年来，火炬开发区工业经济发展迅速，居民经济生活质量飞速提高，物质生活不断丰富，随之也暴露出教育教学成果不突出、地方文化底蕴浅薄、人们精神生活空虚等一系列问题。为了走出困境，提升少年儿童的文化素养，开发区第一小学开展"大量阅读，读写训练"活动长达十余年。活动过程中，教师发现以下问题：学生读书面过窄；教师指导读书的方式过于简单，无法起到榜样示范作用；手抄报、读书笔记、读后感等作业形式使师生感到厌烦。

二、努力寻"梦"

（一）营造书香校园的环境

1.图书室——文化的乐土

开发区第一小学重视图书馆建设，两个图书馆全天开放，有专门的管理员，总面积近四百平方米，藏书超过八万册。学校还要求各个班级成立图书角，平均各班藏书量两百本以上。每个班级订阅的报刊种类不得少于十种。学生可利用课余饭后的休息时间自由挑选书籍，广泛、轻松、大量地阅读，和好书交朋友。

2.美德园——育人的书

开发区第一小学将学校的小花园利用起来，创建了美德园。设计师结合弘扬中华传统美德的教育目标，以"忠孝""团结""诚实""助人""立志""谦和"为主题巧妙构思设计了六处景点。学生常常饶有兴致地漫步在美德园，欣赏美景，对每处景点对应的名言和小故事进行讨论评述。

3. 书香长廊——展示的平台

为了打造学习型校园，加强文化建设，记录学习成果，开发区第一小学建成书香长廊，为展示学生的学习成果和风采提供了平台，为校园增添了书香气息。

4. 童谣廊——童真的土壤

童年是多梦的季节，是纯真的岁月，学校应当为保护孩子的童真提供宽容、有爱的空间。开发区第一小学在校园文化建设方面注意尊重孩子的天性特点，童化、诗化校园。为了让学生养成良好的上下楼梯习惯，教师编写童谣贴在楼梯两侧的墙壁上，如"小脚丫，轻步走，上靠右，下靠右""小孩子，在梯间，不游戏，不滑梯""小脚丫，铃响后，排着队，整齐走""小朋友，拥挤时，请牢记，讲秩序"等。这些童谣朗朗上口、生动有趣，既能提示学生遵守纪律，还能培养他们的语感。

（二）开展书香校园系列活动

1. 助推教师阅读

为了转变教师的学习观念，开发区第一小学十分支持教师参与培训学习，每年为教师提供一定的阅读经费补助，还推荐了许多理论先进、可操作性强的图书，比如李镇西的《民主与教育》，魏书生的《班主任工作漫谈》，苏霍姆林斯基的《给教师的建议》等。学校要求教师每个月都要阅读一定量的教育书籍，提高自身素质，丰富文化底蕴。平时，教师会自发组织诵读沙龙，深情演绎自己喜欢的诗歌、散文，现场常常掌声阵阵，气氛热烈。开展诵读沙龙活动有助于提升教师的朗诵水平和文学素养，是积极有益的教师学习活动，真正体现了开发区第一小学教师自主学习的积极性。

2.引导学生读书

为了帮助学生转变学习观念，让学生重视读书，学校领导专门向师生家长分享介绍本校优秀毕业生的读书经验，引导学生挑选适合阅读的书籍，教导学生怎样把"小课堂"延伸到"大课堂"，确立大课程观，为今后的学习打下坚实的基础。

开展课外阅读活动时，教师最常见的困惑就是该向学生推荐什么图书。多数学生对课外阅读有"偏食"现象，知识面较窄，个别学生容易沉迷于低俗无聊的网络小说、漫画，既浪费金钱，又浪费时间。开发区第一小学教师参考课程标准，从实际出发编写了《开发区一小各年级读书推荐目录》，指导教师、学生、家长选择课外阅读书籍。学校还出台了《语文教学改革方案》，安排生动活泼的读书课程，减轻作业量，停止使用练习册和题库，保证学生每周的读书时间，这些工作落实与否还和教师的教学常规评价紧密挂钩。

关于建设书香校园的课题研究在开发区第一小学也开展得有声有色。一是《利用优秀电影培养学生孝顺的品质》，把影视资源转化为教育资源，将多部深受学生喜爱的电影作为素材，展示古今中外的优秀文化，通过"常规看片，大处感悟；学科整合，画龙点睛；主题活动，重点突破；课外拓展，深化延伸"四个步骤的学习方法，培养学生孝顺父母、关爱他人的优秀品质。二是《中华传统美德美文诵读学校课程的实践研究》，开发区第一小学十分重视传承中华美德文化，通过建设美德园、开展诵读活动、开发美德美文诵读学校课程等方式形成了校园文化活动特色。

在评价激励机制方面，学校每个月进行阅读之星评比，每学期进行课外阅读积极分子评比，并适当给予奖励。

（三）建设书香家庭

通过家长会、专家讲座、上门家访等形式宣传"大量阅读，造书香校园"的目标，争取家长的支持与配合。学校还组织开展书香家庭评比活动、优秀家长评选活动，促使家长与孩子互相督促、共同进步，也加强了亲子之间的心灵沟通与情感交流。

三、共同圆"梦"

（一）困惑：考分与阅读

红红火火开展活动的同时，我们也会担忧，大量开展课外阅读活动是否会影响教学质量，影响学生的应考能力呢？有些教师反映，课外阅读活动会耽误教学进度，影响升学成绩，他们认为课外阅读费时低效，不如多读教科书、多做练习题来得立竿见影。还有人认为成绩差的学生更不需要课外阅读，只要读好教科书、学懂基本字词就够了。

考试分数直接影响教师的面子、荣誉、工资，受教学评价体系的制约，教师不敢放手开展活动。部分教师过分崇尚分数，不惜花费大量时间让学生反复机械地抄写课文，进行五花八门的练习，剥夺学生的课外时间。低年级学生阅读时遇到的最大困难就是识字量太少，为了加大一二年级学生认字的力度，学校建议借助朗读儿歌童谣、观看电视电影、阅读课外书籍、参与文字游戏等方式提高识字量，但是很多老师认为这样会加重教学负担，很多家长也不愿意配合。

教师是文化人，是知识代言人。开发区第一小学倡导教师要明确读书的价值，摒弃功利性、快餐式的阅读习惯。文化素养的提升不在一朝一夕，正所谓腹有诗书气自华，读书的真谛在于修身养性，从书籍中汲取养分，向古人学习，养成淡泊明志、宁静致远的心态，真正成为有涵养、有高雅情趣的人。

为了督促教师多读书，学校决定为每位教师订阅报刊。一些教师反馈说："端午节到了，学校何不用订阅报刊的经费买两条粽子赠给老师过节呢？也是体现校长对教师的关心嘛。"我愣了一下，心想：难道一份报刊抵不上两条粽子？送报刊不也是一种关心吗？这件事引起了我的深刻反思。

虽然遇到过很多困难，但我们的决心从没有动摇。随着各种活动的开展，教师、家长、学生都动起来了，从最初的积极性不高到后来的踊跃参与，在火炬开发区、乃至中山市都产生了很好的反响，也收获了各级领导、同事的关心和一致好评。

（二）突破：以书润心

1. 丰富情感，提高幸福指数

教师日复一日重复着平凡的工作，每天穿梭于教室和办公室之间，出操、早读、上课、照看学生午休、补课、批改作业……面对这些繁琐固定的任务，教师早已麻木；面对教学质量测试、奖金扣罚也习以为常。人事制度改革后，校长最怕的就是调整教师工作，"得罪"教师多的领导日子肯定不好过。教师每天绷着脸上课，公开课上的笑容也是勉强挤出来的，初为人师的激情和理想早在沉重的升学压力和滋长的物质欲望面前消耗殆尽。

针对这些问题，结合开发区第一小学女教师占全校教师73%的实际情况，大家达成共识，决定"以书润心，做完美女人"。一本好书可以帮助我们定期清理心灵的尘灰，释怀心中的负担，提高人生境界，生活更加充实。有的男老师的阅读热情不亚于女老师，他们甚至提出要将这些书推荐给妻子、女朋友阅读。同时，学校还组织教师挖掘日常工作中新奇、有趣的部分，帮助教师调整心态，修身养性，提高工作的幸福指数。

2.张扬个性，行万里路

在开发区第一小学宽松、民主的工作环境中，年轻教师自助游蔚然成风，队伍不断壮大，由原来的七八人发展到七十多人。寒暑假期间，背上行囊，去另一片陌生天地寻找新的感觉。热爱自助游的教师把黄橙视为偶像，他们熟记黄橙的名言："旅行的艰辛不是我们自找的，我们之所以要承受旅途的艰辛，那是因为它无法避免。艰辛不是旅行的目的，舒适也不是，精神境界的升华和对人生的深刻领会才是旅行的真正意义。"

每次旅游后，教师们聚在一起交流心得体会，交换游记，聊聊那些好笑的、惊险的旅途见闻。开发区第一小学的刘老师在日记中写道："一个人的旅行很单纯，随意而行，随遇而安。在旅行中，发现生命总是容易在最熟悉的地方迷失，却会在最陌生而纯粹的所在找到出口。徒步新疆博格达、西藏墨脱，爬过雪山，穿越原始森林、热带雨林，完全没有退路，只能一直向前，犹如生活之路。在路上，学会宽容，忍耐，坚强，勇敢；懂得大多时候人只能依靠自己。身体上的疲惫，却获取心灵上的愉悦。爱上了在路上的感觉，累并快乐着。正如一句英语名言：Journey is reward，旅行就是收获。"

（三）学生、教师、学校共同成长

1.书香校园的建设得到教师和家长的认同，学校管理取得突破性进展。学生爱上阅读，养成了良好的阅读习惯，知识储备显著提高。一位高中校长来到开发区第一小学参观评估的时候，感慨地说："人从书里乖。"

2.学生素质发生了质的飞跃。课余时间，学生充分阅读课外书籍，上网查找学习资料，学习的积极性和主动性提高，知识面越来越宽。开发区第一小学李华珍老师在给二年级学生上综合实践课《小白兔》时，学生的学习兴趣十分浓厚，在提出问题和回答问题的环节中表现出较高的水平。

学生 A："小白兔的眼睛看上去为什么是红色的？"

有学生答："因为小白兔身上缺少色素，红色是它眼睛里的血色。"

学生 B："小白兔的前肢短，后肢长，为什么呀？"

有学生答："小白兔走路的方式是蹦跳的，它的后肢长，起蹬跳的作用，使它跳得更快。"

学生 C："为什么小白兔的耳朵特别长？"

有学生答："耳朵长，令它听觉敏捷，能听到远处天敌发出的声音而快速逃走，避免被敌人追捕。"

学生 D："为什么小白兔的嘴巴是三瓣嘴？"

有学生答："它的上唇中间有一条裂缝，把上唇分开两瓣，再加上下唇，就形成'三瓣嘴'了。"

学生 E："小白兔为什么不吃窝边草呢？"

有学生答："是为了不暴露自己的洞穴并且免受天敌伤害……"

一位教研员评课时说，学生对小白兔的有关知识了解比较全面，他们的课外知识量很丰富，证明他们的求知欲很强。

读书是一门学问，也是一门艺术。同样一本书，同一时间不同的人读会取得不同的效果，这是因为读书方式的不同。如何提高学生的阅读能力，进行有效阅读；当教师阅读面比不上学生时，对于部分新出版的少年读物和作品，难以对学生作出指导，该怎么办；很多学生积累了一定的阅读量，但作文水平没有显著提高，如何读写结合，这些问题有待进一步探讨。

书香校园梦是我们永远的追寻。没有理想就没有热情，没有梦想就没有激情，动人最是情浓时。作家冰心说："爱在右，同情在左，走在生命路的两旁，随时撒种，随时开花，将这一径长途点缀得香花迷漫，使得穿枝拂叶的行人，踏着荆棘，不觉得痛苦，有泪可挥，也不是悲凉。"这正是我们追寻的校园文化氛围。

温情的校园，和谐的乐章

◎ 课题主持人　博凯小学　周锦连

温情即温柔的感情、温和的态度，用之形容教育，即是"随风潜入夜，润物细无声"。温情教育的施教者不急不躁，深谙教育内蕴——细水长流、春风化雨；温情教育的受教者倍感温暖，对学校、老师常怀依恋、亲切之感。和谐即协调、融洽，和谐容纳万物。温情是和谐的基础，温情蕴含和谐，和谐孕育温情与生机。

建设"温情和谐校园"要以学生为主体，促进学生生理、心理和精神状态的和谐发展。一个温情和谐的校园就是学生之间、师生之间和谐融洽；就是校园整洁、环境优美，师生与校园和谐共存；就是学校与社会和谐相处、共同进步。打造"温情和谐校园"是开发区第一小学校园文化建设主题"走内涵发展之路"的具体体现，承载着开发区第一小学传承优良校风、不断开拓创新、坚持素质教育、对学生一生发展负责的办学愿景。

一、温暖的校园

师生对学校的归属感来自优秀的学校文化和统一的学校精神。

（一）民主平等、相互尊重的上下级关系

校长如果以权向教师施压，教师难免心有不满，如果用人格魅力感染对方，管理者与教师之间会形成良好的上下级关系。在开发区第一小学，一种互相激励、互相欣赏的校园文化氛围已在校长和教师之间弥漫开来。学校依托一套健康的管理机制，确立和践行以尊重人、信任人、激励人、发展人为出发点和归宿点的人本思想。

学校曾就教师的物质和精神需求展开专题访谈和调研，通过认真分析，形成既适应学校需要、又符合教师利益的共同发展愿景，促使教师身怀爱校之心、恪守在校之职、善谋治校之策、多办利校之事，并借此培育教师的观念认同感和情感归属感，使个人的思想观念、感情信念、行为方式与学校的办学目标、发展方向和谐统一，凝聚成一股相对稳固的合力。

怎样真正走进教师心里？我们的做法是：用暗示拉动教师心弦，用服务撞击教师心弦，用赞美激荡教师心弦，用激励振动教师心弦。对教师的激励，除了物质奖励以外，还包括校长率先垂范，进行人格激励；邀请教师参与制订目标，进行信任激励；帮助教师排忧解难，进行情感激励；树立先进典型，进行榜样激励；提供研修机会，进行培养激励。这些激励措施远胜于单纯的物质奖励，唤醒了教师的自我认同感，提升了他们的能力素质，"培训是最大的福利"的观念渐入人心。

（二）团结合作、成就自我的教师群体

开发区第一小学重视培养教师的团队精神。教师已告别单枪匹马闯天下的"孤胆剑客"模式，现在是携手并肩走天涯的"联手合作"、打造学习共同体的新时期。诚如管理大师彼德·圣吉所言："当团体真正在学习的时候，不仅团体整体产生出色的成果，个别成员成长的速度也比其他的学习方式更快。"开发区第一小学积极鼓励教师之间互助、合作、共享，形成相互激励、相互帮助和共同提高的团队关系，依靠团队整体的和谐来实现学习、工作的最佳绩效，实现教师成长与时代发展的和谐。学校还切实加强学科组、年级组之间横向、纵向的交流与协作，组织形式多样，如"四个一工程"（每学期每位教师要完成一堂研究课、一个教案、一个教学反思、一个优秀课件）、青年教师文化研修读书活动、听课、说课、评课、教学才艺展示等。

（三）"点点滴滴都是爱"的师生关系

1. 点滴善念，汇聚无边大爱。开发区第一小学十分关注家庭经济有困难的孩子，倾注了很多心血。

小林同学的父亲不幸罹患绝症，家中一贫如洗，一间破旧的房子接的还是六七十年代的电线，陈旧危险。学校领导亲自到她家慰问，了解情况后，马上找电工帮她家更换所有电线。小林父亲离世当天，她所在班级的师生共捐出五百多元进行帮助。

一年级学生小杨患上白血病，尽管他入学只有一个多月，学校师生仍先后多次为他筹集医药费，共计三万多元。学校有两名患有精神障碍的孩子，校领导多次联合社区部门上门家访，并为孩子筹集医药费。

2. 对待后进生，教师不急不躁，润物无声。开发区第一小学教师在转化学困生方面总结出以下经验：

（1）现状分析——差的根源

每个班级都有学困生，教育者必须正确认识他们，正确对待他们。一把钥匙开一把锁，教师应当将师爱洒向学困生，在他们身上投入更多的时间和精力，注入更多的关心与爱护。

（2）转"困"措施——爱的策略

① 倾听。谈话是师生间最常见的交往方式，教师不仅要善于谈话，还要学会倾听。平等地谈话，耐心地倾听，更容易了解学生的心声，从而根据他们的心理特点，有的放矢地进行教学引导和启发。谈话过程中，教师要常常摸摸学生的头，拍拍他的肩，理理他的红领巾，真诚地亲近他、关心他，消除与孩子的隔阂，使他敞开心扉。

② 赞许。每个人都有获得肯定和赞赏的欲望，儿童自不例外。赞赏是一种容易掌握又效能巨大的动力资源。上课时，教师要注意学生的一举一动，观其眼神，察其面色，只要学生流露出一点想学的样子，就充满信任地鼓励他发言，帮助他把话说清楚、说完整，使学生更有自信。

③ 关心。关注学生的点滴进步，及时给予表扬和鼓励以增进其自信心。善于发现学生的闪光点，了解他们的兴趣及特长，适当委以重任，如担任早读小老师、让他们在活动中展现自我。

④ 家访。增强教师与家长的联系，对家长做好引导工作，鼓励家长多与孩子交流并督促其学习。家校联合，共同为孩子创造一个恬静、温馨、和谐的成长环境，为孩子的长远发展打下坚实基础。

（四）"合作型"家校关系

尊重家长，倾听家长心声，提供热情服务并解答家长的疑难，是构建和谐家校关系的关键。开发区第一小学广开渠道，通过家长会、家访、家长短信箱《给家长的一封信》《赠家长的一首诗》等形式，倾听家长的心声，指导家长科学育子，广泛宣传学校的工作思路。针对当下独生子女普遍"以自我为中心"、孩子对父母不感恩等问题，学校召开家长会，开展"亲子共读""沟通从心开始""六一感恩千人唱"等亲子活动，为孩子了解父母的辛勤汗水和无私付出搭建平台，教育学生要珍爱父母、孝敬父母，勤奋好学以回报父母的养育之恩。学校还组织"学习型家庭"的评比，把读书明理教育活动从学校延伸到家庭，有效形成家校同步、协作育人，进一步优化家校关系。

二、朴实的德育文化

中国科学院院士杨叔子讲过颇具讽刺意味的一句话："小学讲共产主义，中学讲社会主义，大学讲不要打架。"马加爵事件后，有人开玩笑又添了一句："研究生讲不要杀人。"

为什么大学要教导学生不能打架、爱护公物这些最基本的道理呢？这回到了教育的本质问题，教育不能急功近利，人性重于灵性，情感贵于智力，做人先于做事。"在今天，一个民族，没有现代科学，没有先进技术，就是落后，一打就垮；没有民族精神，没有人文文化，就会异化，不打自垮。"这段广为传诵的名言，是杨叔子从事教育事业几十年来的思想结晶。

开发区第一小学确立了两大德育工作目标：一是加强校园安全管理，查漏补缺，加大投入人力物力，确保不出安全问题。二是从最基本的做人做事抓起，要求学生自觉参与校园、课室、功能室的环保清洁劳动，教育学生孝顺父母、尊敬老师、乐助同学。

开发区第一小学重视孝亲教育，相关活动形式多样。例如，在一堂关于"谈孝"的五年级综合实践课上，教师首先播放一组有关孝顺的电影片段。观看结束后，学生分享交流古今中外有关孝顺的典故名言。随后，教师再播放《艺术人生》节目中有关孝顺话题的访谈，让学生接受了一次不同寻常的中国传统美德教育。

涂又光先生认为，在基督教世界，人们要读《圣经》；在伊斯兰教世界，人们要读《古兰经》；作为中国人，尤其是中国的知识分子，至少要读一读《老子》《论语》。杨叔子先生十分认同涂老先生的观点，并指出《老子》《论语》是中国传统文化的优秀代表，认真学习这些传统经典，会让我们受益终身。"我小时候念了将近五年的中国传统文化，这对我今后的成长起了很大的影响，尽管当时还不懂，但是我后来慢慢懂了。"沙漠中的骆驼会反刍，吃下的食物会吐出来再吃。人需要的则是知识的反刍、精神的反刍。

三、扎实的教学文化

培养扎实的教风学风，并不等于鼓吹应试教育，它是一种务实不跟风的教学态度，是对优秀教学传统的继承，对教学规律的尊重，对基础教育课程改革中问题的反思与深入钻研。扎实不等于不创新，它恰恰是创新所需的一种精神。

开发区第一小学不以少数名教师为尊，追求教师队伍的整体进步和全面提高，扎实开展教学工作，使每一位教师都找到施展才华的天地。学校通过考察教师教学质量，按照实力均衡分配师资，为教师提供良好的学习发展平台。同时，为了提升教师的整体水平，吸引更多高素质人才，学校大力培养名师骨干，希望他们起到带头示范作用。

一直以来，学校为构建扎实的教学文化氛围不断努力。为了进一步规范教学秩序，加强教学管理，开发区第一小学针对教职工的考评监督、责任分工、教学模式等方面作出明确细致的要求。

（一）教导主任和科组长定期对该学科的授课教师进行整体评估，对新进教师或期末测试级差较大的教师提出明确要求，加大对他们的教学帮扶。各科组做好"手拉手"结对活动，督促以下三种教师主动"寻师结对"：上半学年期末测试级差大于三分的教师，本学期新进教师，教龄小于五年的教师。发现问题才能进步，"寻师结对"的前提是对自身有清醒的认识，再向名师讨教育人、教学、科研方面的经验，提高专业化水平和教学水平。

（二）学校不定期进行课堂教学效果检测和跟踪记录，严重杜绝浪费学生时间的自由散漫式、放羊式、保姆式的无效课堂，定期向学生或家长进行课堂满意度调查，将结果作为教师考核指标。

（三）落实四课，包括听课、备课、比武课、汇报课。听课就是规定学校教职工每学期的听课任务，要求行政人员听课数量不少于30节，科组长不少于20节，学科带头人不少于15节，任课教师不少于10节，听课后要进行课程评价。备课即以年级学科为单位的集体备课，拟定教学目标、重难点、基础知识与基础技能的训练内容。比武课即在各年级、各学科的任课教师中推选优秀课例参加学校教学比武并评奖。汇报课即教龄五年以内（含五年）的教师和新进教师需要上一堂汇报课。

（四）落实"一评"，每年评出学校的先进科组和先进科组组长。

（五）实行主管领导、科组长分组负责制，科组长负责相关学科的教学工作，主管领导采用调研课、推门课、考核课三种方式深入课堂调研。

（六）倡导"先学后教、当堂训练"的高效课堂教学模式，狠抓合格率，要求学生当堂完成作业，形成严格的考核制度。学校提出"让每个学生合格""面向每一个学生""没有教不好的学生"和"让每一位学生家长满意"的目标。实施"三个一"：从起始一年级抓起，从新生进校第一天抓起，从最后一名抓起。落实"三清"：堂堂清、日日清、周周清。要求学生"课堂上能掌握的不留到课后"。

推进教育均衡是取长补短，不是削峰填谷。通过上述教学模式和教学制度，学生课堂参与度提高，发言踊跃，大部分作业能够当堂完成。教师摒弃课堂满堂灌、练习压课外的做法，鼓励学生发展特长，关注每一位学生的发展，逐步淡化以讲为主的习惯，将课堂主动权还给学生。凡是学生能自行学会的内容，教师就大胆不教，仅进行相应的答疑指导，学生的主体地位、合作精神和探究能力全面提升。

德国哲学家卡尔·雅斯贝尔斯对教育的本质有一段精辟论述："教育就是一棵树摇动另一棵树，一朵云推动另一朵云，一个灵魂唤醒另一个灵魂。"要摇动另一棵树、推动另一朵云、唤醒另一个灵魂，我们需要的是一棵有力的树、一朵多彩的云、一个纯洁的灵魂，一棵温情的树、一朵温柔的云、一个温暖的灵魂。以情动人，才能谱写和谐校园的动人乐章。

第六章

研究历程

一路走来

2017年1月,习近平总书记在联合国日内瓦办事处发表的《共同构建人类命运共同体》的主旨演讲中指出,构建人类命运共同体是一个美好的目标,也是一个需要一代又一代人接力跑才能实现的目标。

教育作为人类的事业、全球的共同利益,必须回应人类命运共同体的要求。中国教育角色特殊,有条件、有责任、有使命成为推动和实现构建人类命运共同体的重要力量。这也启发我们要坚持课程改革,加强课程领导,培养开放包容、具有自由思想和独立人格的创新型人才,为中国的教育事业发展尽绵薄之力。

笃定的目标定位

为确保校长工作室各项任务的有效开展,营造和谐有序、互帮互助的学习氛围,我们决定成立学研共同体,打造一支有共同愿景、相同价值观、团结协作、共同进步的团队。学研共同体的成员遍布中山四个镇区、九所学校。成立之初,大家就制订了三年发展目标。

一、具体年段目标

(一)2016年工作目标

1.建立工作室制度。

2.完成工作室三年发展规划(包括年度和周期目标、工作方案、实施条件、评价指标等)。

3.制订年度工作计划。

4.确立工作室成员年度和周期培养目标、培养方案,建立成员成长档案。

5. 成功申报一个市级以上课题。

（二）2017年工作目标

1. 完成阶段性工作室总结报告，初步提炼经验。

2. 按照研究方案进行课题研究。

3. 每学期，主持人与工作室成员坚持共读一本书，交流心得体会。

4. 主持人到每位成员所在学校进行现场诊断，初步整理诊断报告。

5. 主持人和成员产出专业发展成果，如经验介绍、论文等。

（三）2018年工作目标

1. 提炼出具有中山特点的名校长工作室理念、经验。

2. 课题结题，申报中山市科研成果。

3. 进行经验推广，工作室成员成长为骨干校长，公开发表一篇以上研究论文，在当地起示范引领作用。

二、具体措施

（一）做好八大方面的工作，全面推进工作室建设

1. 计划引领：共同制订专业成长培养计划。

2. 专业引领：在积极传授教育教学和管理工作经验的基础上，及时了解成员的专业发展需求，有针对性地组织成员外出学习与交流。聘请教育专家担任工作室顾问，针对成员关注的教育热点难点问题及时答疑解惑。

3. 指导工作室成员开展课题研究。联系成员所在学校，适时进行诊断，充分调动成员积极性，共同研究探讨学校发展中实际存在的问题，并以课题的形式进行反思、总结和提炼，物化成果，提升教学科研水平。

4. 建立成员成长档案。帮助成员和成员所在学校共同形成切实可行的

个人发展计划和学校改进计划,并有针对性地指导计划的实施。每学年对工作室成员的专业化发展进行考核并作出评价,评价结果记入成员成长档案。

5.调动大家积极性,主动参与工作室的活动。鼓励成员积极参加学术交流、外出学习等活动,并能主动承担活动中安排的各项任务。

6.积极深入工作室的课题研究。保质保量完成课题研究任务,针对研究工作的实际需要,加强理论学习的同时,注重培养解决实际问题的能力。

7.认真完成工作室安排的学习任务。学习周期内,及时对本人的专业成长及本人所在学校的发展情况进行自我诊断,提出解决问题的办法及实施方案,成员与主持人脱产学习累计不短于一个月。学习周期内完成一份个人成长报告、一份课题研究结题报告、公开发表一篇以上研究论文。

8.承担中山市教师继续教育培训课程开发和实施任务,学习周期内承担不少于一次职务培训或专项培训课程授课任务。

(二)考核促发展

1.根据《中山市名校长工作室建设与管理实施细则》,根据本工作室的培养目标制订相应考核制度,在规定的年度考核和周期考核期间对本工作室的所有成员进行考核。

2.建立科学合理、行之有效的考核标准,表扬考核优秀的成员,对于考核不合格的成员,在互帮互助的基础之上,督促其及时改进,对于整改期后仍不合格的成员,按照相关规定进行处理。

理念先行

工作室于2015年12月开始筹建。筹备期间,我们不断探索名校长工作室的建设理念、管理模式，初步探索出将工作室打造成学研共同体的发展思路。

一、理念的产生

有人说，校长的主体性是名校长工作室的首要特征和工作原则。怎样让工作室的成员自主成长，在相互影响下共同成长，在研究问题中快速成长，成为中山市名校长，成为工作室主持人思考的重点问题。

基于习近平总书记的人类命运共同体理论、孔子的儒家思想、加德纳的多元智能理论，我们提炼出工作室的建设理念：学研共同体。工作室成员来自不同的镇区，大家各具特长，掌握不同的地方文化和教学资源。中山市教师进修学院对名校长工作室的建设非常重视，还为课题研究配备了科研秘书。如果我们整合好这些资源，相信我们的工作室一定会成为大家共同进步、创造价值的良好平台。

二、理念的认同

"学研共同体"的理念提出以后，大家经过头脑风暴和历时一个月的反复论证，终于一致同意。我们郑重邀请火炬开发区书法美术协会会长蓝昭城先生为工作室题字，装裱后悬挂在中山市名校长周锦连工作室的墙壁上。

三、千里之行，理念为先

好的开端是成功的关键，知情意行的统一首先是思想的统一。"学研共同体"理念的确立为顺利开展各项学习及课题研究打下了良好基础。

行走在路上

一、学习交流共同体

中山市名校长管理办公室及名校长工作室组织相关人员对《义务教育

学校校长专业标准》进行了二十余次形式多样、有针对性的学习研讨活动。

（一）走出去，请进来

2016 年 10 月 10 日至 11 月 8 日，周锦连校长参加教育部在北京师范大学举行的 82 至 83 期全国小学骨干校长高级研修班。11 月 8 日至 15 日，严玲珍校长参加在复旦大学举行的中山市名师、名校长教育与管理高端培训班。9 月 28 日，邀请北京师范大学珠海分校的王维荣教授作关于课程领导力的讲座。12 月 2 日至 3 日，中山市名校长管理办公室邀请华东师范大学的刘莉莉教授为课程领导力的研究课题作诊断，同时，周锦连校长作《如何做研究型校长》的讲座。

2017 年 3 月 27 日，开发区第一小学与翠亨小学进行班主任工作交流。7 月 13 日至 19 日，周锦连工作室的部分成员到浙江大学参加女校长培训课程。11 月 3 日上午，工作室全体成员参观珠海容闳学校，学习对方的课程建设经验等。3 月 29 日，开发区第一小学与朗晴小学进行家庭教育工作交流。4 月 21 日，开发区第一小学承担"开发区 2017 年教师的职业自觉与专业化发展培训"活动，邀请北京大学、北京师范大学等单位的专家学者为校长及骨干教师作理论培训。

（二）充分发挥中山市内名校长的作用，分享学习、管理经验

2016 年 10 月、11 月，组织参加王锡文等名校长的学习讲座。12 月 2 日，周锦连校长作《如何做教育研究》的经验分享。

2017 年 3 月，开发区第一小学分别接待了两批来自广州的学员，安排他们跟岗学习。6 月 13 日，周锦连校长为中山市校长岗位培训班作《课程领导力——校长专业化的核心与基点》的主题分享。7 月 13 日至 19 日，在浙江大学举行的女校长培训班上，周锦连校长进行《提升小学校长课程

开发领导力的实践研究》的问卷调查分析及研究课题的阶段性成果分享。
12月23日，工作室全体成员到中山市实验小学参加"新时代基础教育深化改革的价值选择"为主题的学术交流活动，聆听来自北京的吴国通先生的讲座，及中山市实验小学徐铭侃校长有关课程改革的经验介绍。

（三）开展校际间交流学习

2016年4月26日，工作室全体成员到开发区第一小学参加家庭教育的现场会；11月，到将军小学参加"如何打造优质教学课堂"的专题研讨；同期，到同安小学进行美术教学特色的研究活动等。

2017年6月26日，周锦连校长带领工作室成员到古镇镇古一小学、古二小学调研；4月13日，到开发区第四小学诊断校园文化建设情况，帮助制订校园文化改进计划等；9月13日，到民安小学进行校际课改交流活动。

（四）开展读书分享活动

周锦连工作室根据发展需要，确定《习近平总书记系列重要讲话读本》《习近平谈治国理政》《多元智能》《论语》《学校课程新样态》《校长如何提升课程领导力》等读本，要求工作室成员经常交流读书心得，撰写读书笔记。

二、研究实践共同体

《中山市名校长工作室建设与管理实施细则》规定："课题研究是校长专业成长的必由之路。"在课题主持人周锦连校长的引领和指导下，工作室成员以课题研究为抓手，以科研成果为标志，以能力提升和办学水平提升为目标。

2016年7月，周锦连工作室的研究课题《提升小学校长课程开发领导力的实践研究》成功立项为中山市教育科研课题，成为2016年中山市15

个重点研究项目之一。2016 年 8 月，中山市教育科研领导小组推荐本课题申报广东省教育科学"十三五"规划 2017 年度中小学教师教育科研能力提升计划项目。2016 年 12 月 22 日，在中山市教师进修学院校长联谊室，本课题顺利开题。

2017 年，《提升小学校长课程开发领导力的实践研究》问卷调查分析工作初步完成，共采集 108 份校长问卷，超过 600 份教师问卷，数据质量较好，取得阶段性成果。问卷编写前经过多次调研，编写时紧扣办学实践及校长专业化标准，反复论证，几经修改。问卷发放范围覆盖中山市城区及镇区的 93 所学校，占中山市所有学校的 40.8%，包括 6 所城区学校、87 所农村学校，类别有省一级学校、市一级学校，有一定区域代表性。2017 年 12 月 17 日举行的中山市名师名校长提升课程领导力主题论坛中，李培新、孙宁校长作了子课题研究的初步成果介绍，得到南京师范大学吴永军教授的高度赞赏及市内校长的认同点赞。

本课题是对当前小学校长专业能力短板的聚焦和思考。探讨这一重要问题能够提升校长的思想高度和思维品质，使我们在繁琐的日常工作中能够敏锐地把握要点难点，增强工作责任感和历史使命感。

本课题是集体智慧的结晶。我们经过反复论证，一致认为本课题最终的研究成果可以统领课题组学校的教学改革，促进校长的专业发展水平，推进各个学校办学特色的形成。

我们充分利用课题组成员学校广泛的团队资源，尊重大家的研究兴趣点，形成人人有子课题、分工明确、管理到位的良好局面。

课题申报成功，缘于工作室成员自身的努力，和中山市教育和体育局、中山市教师进修学院等单位的大力支持。

一步一个脚印

一、远赴西藏，开展"10＋10"教育对口帮扶活动

为充分发挥名校长工作室的引领和辐射作用，2018年4月中下旬，应林芝市工布江达县教育局的邀请，结合中山市教育和体育局对援藏工作的部署和要求，周锦连工作室和汤剑文工作室的众位成员在中山市教师进修学院周立胜主任的带领下远赴西藏，开展了为期一周的"10＋10"教育对口帮扶活动。

4月17日上午，工布江达县金达镇中心小学举行"中山—工布江达县'10＋10'校际帮扶工作捐赠仪式"。中山市开发区第一小学捐赠35台电脑办公设备。周锦连工作室、汤剑文工作室捐赠429幅师生书画作品。捐赠仪式后，周立胜主任作专题报告《回到学校的样子——校园文化建设的应为与可为》。

4月18日，两个工作室一行19人克服高原反应早早来到金达镇中心小学，通过参观校园、听课、师生座谈、随机访谈等形式，帮助该校进行校园文化专题总结，为其制订今后三年的校园文化建设规划。

活动当天，两个工作室分工明确，"事事有人做，人人作贡献"。首先，各工作室成员在尼玛顿珠校长的带领下参观校园，了解学校的办学理念、办学现状、存在的困难及发展思路。然后，全体成员观看富有藏族舞蹈特色的课间操，大家还与孩子们一起跳舞，感受藏族文化的风情魅力。随后，19名成员深入课堂观摩，课后他们分别就自己所听的课程进行评价，提交书面评课表，他们既肯定了授课教师的可取之处，也提出了不足和努力的方向。接着，成员按照分工分别与师生代表展开座谈会，了解他们的学习、

生活情况及需求。会后，全体成员参观社团开展情况，与孩子们一起学习书写藏文，感受祖国文化的博大精深。最后，全体成员就一天的调研情况与工布江达县金达镇中心小学全体行政人员进行交流。

本次对口帮扶活动受到当地学校、教育局、县委等部门的热情支持与欢迎，也使我们受益匪浅。在看到工布江达县教育事业发展的亮点、优势的同时，我们也把自己的校园文化建设经验分享给对方，希望利用中山的先进经验及优质资源帮助西藏地区的学校，促进西藏教师队伍素质提高、教育教学质量提升。

二、成功举行课题中期报告会

2018年6月27日下午，广东省教育科学"十三五"规划2017年度中小学教师教育科研能力提升计划重点项目（课题编号2017ZQJK022）《提升小学校长课程开发领导力的实践研究——以中山9所小学为例》中期报告会在中山市教师进修学院校长联谊室举行。会议邀请中山市教育教学研究室副主任陈春艳、教研员兰岚，中山特级教师李园萍为课题中期报告把脉。工作室的大部分成员及开发区第一小学的部分教师参加本次中期报告会。

报告会由课题组成员——曹一小学的邱波校长主持，流程分为四步。

首先，周锦连校长从工作方案、实施情况、拟开展的工作、存在问题、完成时间及经费使用情况等六大方面进行汇报。周校长在报告中指出，这个课题既是广东省重点规划课题，也是中山市重点课题，课题组从一开始就摆正态度，以高度认真负责的态度制订工作方案，全方位、多角度展开调研，并有计划、有步骤地落实各阶段工作。经过课题组全体成员的努力，已圆满完成前两个阶段的工作，成果初显，达到了预期效果。随着课题研究的深入，大家对"课程开发领导力"与"课程领导力"两个定义之间的逻辑关系产生了新的疑问和思考，希望在后一个阶段的研究中逐步厘清。

接下来，李培新副校长和孙宁副校长对子课题《中山市小学校长课程开发领导力的现状调查》进行汇报。开发区第四小学的谢志斌校长、南朗小学的陈敏华副校长就所在学校的课程体系进行分享。

最后，专家组对中期报告提出意见。兰岚老师认为，该课题的研究意义重大，不仅影响着一个校长、一所学校，而且可以为全市其他小学提供参考；这个课题的理论研究难度较大，课题组在研究过程中态度扎实科学，成果也很明显。李园萍校长认为，样本学校在研究和实践过程中的感受、困惑及应对策略就是该课题最具实践意义的资料；她还针对课程领导力的衡量标准谈了自己的切身体会。陈春艳副主任认为，这个课题很有挑战性，很有应用前景，现阶段研究成果明显；她就课题的名称、课程领导力概念的内涵及外延、如何提升课程领导力等方面作了深入而详尽的点评指导。

三、认真推进第三阶段的研究工作

（一）组织两场有影响力的现场观摩活动，展示课题组相关学校的课程建设成果

1. 在开发区中心小学举行丰富多彩的育人课程现场观摩活动

2018年10月25日，课题组主要成员来到开发区中心小学，实地了解该校课程开发的实际情况。同时，周锦连工作室邀请中山市教师进修学院青年研训社的成员一起观摩指导。火炬开发区教育事务指导中心的周勇主任，火炬开发区公办中小学校所有校长、主管教学的副校长及中层教学人员参加活动。

活动当天上午，开发区中心小学开放所有课程，集中展示48节突出"合作学习"的公开课和76节社团活动课。观摩活动结束后，课题组成员在学

校培文楼三楼聆听唐从彦校长的报告《开发区中心小学推进学生社团课建设的想法和做法》。唐校长从为什么开设学生社团课、如何定位学生社团课、怎样开设学生社团课、怎样由学生社团课上升为学校课程四个方面作分享，从实践者的角度讲述了校长课程开发领导力应具备的素养和课程开发的策略。这次分享给参会人员很大启发。

交流研讨环节，中山市教师进修学院的李泳绮主任作为代表发言。她肯定了开发区中心小学课程探索的价值，认为中心小学设立学术委员会和课程研发中心，是保障社团课程常规化、规范化的一种创新举措。最后李主任建议，社团活动的开展最好指向学生的核心素养，中心小学要继续研究，扩大成果。

研讨环节结束后，周锦连校长组织工作室成员进行讨论。大家一致认为，开发区中心小学在探索校长课程开发领导力的过程中，能引领教师创造使用课程，带领教师丰富国家课程，建设学生需要的学校课程，处理好三级课程关系，值得学习和借鉴。针对如何提升课程开发领导力，探索适合自己学校的课程体系，促进学校全面健康可持续发展等问题，各成员结合本校课程开发的实际情况和对未来的设想，分别发表了意见。

2. 在民安小学举行富有特色的育人课程现场观摩活动

2018年11月13日，课题组主要成员来到南头镇民安小学，实地考察该校课程开发的实际情况，并邀请广东第二师范学院网络教育学院院长贾汇亮、华南理工大学的宋广文教授和刘娟博士、中山市教师进修学院的付丽老师等专家进行指导。

活动伊始，课题组老师在小导游的带领下兴致勃勃地在校园中参观、走访，观看课题成果展板。展板展示了民安小学师生日常的教育教学活动图片和学生的社团活动作品。接着，大家一起欣赏该校的校本活动课程成果：腰鼓操和太极扇，整齐划一的动作、飞扬在绿茵场上的红绸带、刚柔并济的太极扇、振奋人心的音乐，凸显了民安学子的飒爽英姿。

为了更直观地了解民安小学的课程开展情况，省专家组和校长们自主选择听课类型，以求直面课堂，进行教学诊断。

民安小学校长严玲珍从学校基本情况、德育工作、教学工作、武术特色的自我诊断及改进思路等五方面进行了全方位、深度的《学校发展自我诊断报告》汇报。各位专家和工作室成员在诊断意见反馈中对民安小学的办学治校水平给予充分肯定，并提出宝贵意见。随后，周锦连校长组织工作室成员进行了热烈讨论。

（二）精心策划结题工作，共享果实

1. 结题报告会议

2019年3月，结题报告会在中山市教师进修学院举行。主持人宣读课题总结报告，接受专家组提问，做好答辩工作。

2. 汇编《小学校长课程开发领导力的实践研究个案集》

2019年3月前，课题组全体成员每人提供一个反映本校课程体系的构建与实施的案例，字数3000至5000。案例需包含学校简介、办学理念、课程开发框架、课程实施、校长在课程开发中的作用等五部分内容。

3. 汇编《小学校长课程开发领导力的实践研究课题论文集》

2019年3月前，课题组全体成员每人至少上交一篇关于"小学校长课程开发领导力"的研究论文，字数3000至4000。

4. 科研成果汇编成书

2018年11月，本工作室与广东人民出版社中山出版有限公司签订图书出版合同，初定刊物名称为《课程领导力：小学校长能力提升的实践案例》，拟于 2019 年出版发行。

功夫不负有心人

一、过程充沛，成果充实，一批校长的课程领导力快速提升

2016 年，课题组开展 24 项工作；2017 年，开展 33 项工作；2018 年，开展 11 项工作。子课题学校积极参与，为课题研究提供了强大支撑，产生了积极影响。

民安小学以课程开发和课题引领为抓手，探究小学教师课程领导力的核心素养内涵，确立了"崇文尚武"的课程体系，为学校与教师、专家与教师的对话交流搭建了重要平台，为提升校长的课程领导力提供了有力支撑。

民安小学校长严玲珍本人的课程领导力不断提升，在她的带领下，民安小学成功申请成为广东省基础教育研究实验基地学校，承办三次省市级比赛。严校长指导的三个课题均被评为 2018 年度广东省教育研究院义务教育现代化学校建设试验区专项课题，她主编的特色教材《跆拳道》、指导开发的教材《武术园》在广东省中小学特色教材评选中分别获得二等奖和三等奖。

南朗小学副校长陈敏华以综合实践活动为突破口，领导课题组老师开展"借传统节日文化丰富综合实践活动内涵的实践研究"。通过活动创设、文化建设、课程研究三条主线，从学生层面、学校层面、社会层面三个维度出发，深入研究活动体系、文化体系和课程体系。以期引领学生充分认识传统节日，将传统文化教育与人格教育有机结合，发展学生的个性特长，

培养他们的高尚品德，提高他们的文化素养和独立解决问题的思维能力、动手能力、创造能力。

南朗小学要求教师广泛学习传统节日相关理论，提高课程领导力，转变教育理念，以科研带教研，用教研促教改，养成用新的教育理念审视日常工作的习惯。通过整合综合实践活动与其他课程，共同探讨综合实践活动课程的实施策略，增进教师间的交流合作，促进教师专业发展。课题研究期间，南朗小学教师积极撰写十二篇相关论文，其中两篇获得国家级奖项，三篇获得市级奖项。学校的朗润探究社团荣获第二届广东省中小学生"缤纷社团"风采大赛一等奖，并评为"十佳梦想社团"。多家媒体平台先后多次报道南朗小学的传统节日文化主题教育活动，既提升了公众对传统节日的认知，也提升了学校知名度，树立了良好形象。

二、获得专家领导与同行的认可，体现中山校长的研究精神

本课题得到了中山市名校长管理办公室、中山市教育和体育局以及众多中小学校的支持。我们充分利用资源，邀请国内一流的专家学者为课题把脉诊断，搭建了很多交流展示的平台，课题研究也因此更有底气和自信。

本课题与名校长周锦连工作室共生共长、密不可分，其研究意义不仅限于科研价值，更体现了中山校长不懈钻研、突破创新的工作精神。

三、携手同行，合作共赢

三年多来，我们为了同一个愿景走在一起，学习、交流、实践。团队里大家各司其职、各负其责，时光如梭，积累了深厚的友谊。回顾过往点滴，心中倍感珍惜。

课题的实践与研究成为促进校长成长的契机。经过这番历练，中山校长有了走出中山的底气与力量，有了看家的专业本领。正可谓"已欲立而

立人，己欲达而达人"，为了中山教育事业的未来发展，我们的脚步永远不会停止，将继续携手同行，追求合作共赢。

结　语

著名教育家陶行知先生说，校长是学校的灵魂。校长对学校的作用，取决于他的领导力，校长的领导力直接关系到学校的生存与发展。

中山市的课程改革一直走在时代前沿，课程建设也紧跟时代步伐。市内各学校结合地方特色，在精品课程建设、微课建设开发、学校课程建设、区域课程开发方面持之以恒地进行实践探索，取得了丰硕成果。在"落实国家义务教育课程方案和课程标准""根据学生发展需要和学校、社区的资源条件，组织开发学校课程""引导教师创新课程实施方式"等方面有扎实而丰富的创新实践。

国家课程再开发、地方课程校本化、学校课程特色化将是中山市新一轮课程改革的重要路径。经过多年实践，一批校长实现从"行政"权威向"专业"权威的转变。我们课题组、工作室也将紧跟时代步伐，扎实研究，做改革浪潮中最闪亮的浪花。

参考文献

1. 陈如平,刘宪华.学校课程新样态[M].开明出版社,2016.

2. 郭德侠.校长如何提升课程领导力[M].北京师范大学出版社,2016.

3. 钟启泉.从"行政权威"走向"专业权威"——"课程领导"的困惑与课题[J].教育发展研究,2006(07):1—7.

4. 唐盛昌.校长,教育思想的践行者[M].上海教育出版社,2008.

5. 褚宏启.校长专业标准与校长核心素养[J].中小学管理,2015(03):4—6.

6. 朱永新.新教育之梦:我的教育思想[M].人民教育出版社,2004.

7. 苏立康.在阅读中追求高品质生活——一个好的精神底子会对一生产生影响[J].语文教学研究,2008(02):60—62.

8. 夏丏尊.读书的艺术:如何阅读和阅读什么[M].九州出版社,2005.

9. 曹正文.影响我人生的一本书[M].上海书店出版社,2002.

10. 皮尔松·普森.一生的护照:终身学习与未来社会的个人生存[M].新世界出版社,2003.

11. 丹尼尔·马根,徐新明.美国网络大学的发展现状[J].开放教育研究,2001(03):51—53.

12. 杜时忠.科学教育与人文教育[M].华中师范大学出版社,1998.

13. 何锡章.鲁迅读书记[M].长江文艺出版社,2004.

14. 鲁迅.鲁迅全集:而已集[M].人民文学出版社,1973.

15. 赵红亚.迈向学习社会[M].中国社会科学出版社,2004.

16. 高志敏.终身教育、终身学习与学习化社会[M].华东师范大学出版

社 ,2005.

17. 郝克明 . 跨进学习社会——建设终身学习体系和学习型社会的研究 [M]. 高等教育出版社 ,2006.

18. 季羡林 . 季羡林谈读书治学 [M]. 当代中国出版社 ,2006.

19. 季羡林 . 季羡林随想录 [M]. 中国城市出版社 ,2009.

20. 成尚荣 . 为每个学生提供适合的教育 [J]. 人民教育 ,2010(20):9—12.

21. 史燕来 . 中小学校办学理念探析 [J]. 中国教育学刊 ,2004(05):61—64.

22. 王佑军 . 学校办学理念的研究路径 [J]. 新课程研究 (基础教育),2007(07):16—18.

23. 王龙明 . 增强课程领导力 , 促学校内涵发展 [J]. 基础教育论坛 ,2012(21):25—25.

24. 唐德海 . 校长课程领导力考量的六个维度 [J]. 现代中小学教育 ,2013(01):72—75 + 78.

25. 杜豫 . 行思并进 内涵发展——浅谈校长课程领导力 [J]. 基础教育参考 ,2016(09):33—35 + 29.

附　录

广东省教育科学"十三五"规划2017年度中小学教师教育科研能力提升计划重点项目（课题编号2017ZQJK022）

《提升小学校长课程开发领导力的实践研究——以中山9所小学为例》工作纪要表（2016—2017）

时间	活动内容	地点	参加人员
2016年3月28日	中山市教育和体育局公布中山市第三届名校长工作室成员，成立课题组		
2016年4月19日	课题申报		
2016年4月26日	举行中山市名师名校长联谊会挂牌暨名师名校长工作室签约仪式	中共中山市委党校	全体工作室人员
2016年3月31日至4月31日	工作室命名及课题论证	中山市中小学校	全体工作室人员
2016年5月4日	《提升小学校长课程开发领导力的实践研究——以中山9所小学为例》课题论证会	中山市教师进修学院	全体工作室人员
2016年5月31日	广东省第二批初中、小学校长工作室主持人及成员参加课题研修活动	石岐中心小学	全体工作室人员
2016年7月13日	古镇镇校长到开发区第一小学参观学习	开发区第一小学	全体工作室人员
2016年7月24日	《提升小学校长课程开发领导力的实践研究——以中山9所小学为例》成功立项为市级重点课题，并推荐申报广东省"强师工程"项目重点课题		全体工作室人员
2016年8月9日	申报四个子课题		全体工作室人员
2016年8月15日	对《提升小学校长课程开发领导力的实践研究——以中山9所小学为例》课题进行第二次论证修改		全体工作室人员
2016年8月29日	周锦连校长到东凤镇作《校长的成长与书香校园建设》的讲座		全镇校长、中层干部

（续上表）

时间	活动内容	地点	参加人员
2016年8月30日	周锦连校长到古镇镇作《如何提高中层的转化能力》的讲座		全镇校长、中层干部
2016年9月28日	邀请北京师范大学珠海分校的王维荣教授作关于课程领导力的讲座	开发区第一小学	开发区行政人员及工作室成员
2016年11月7日	周锦连校长参加82至83期全国小学骨干校长高级研修班，在结业典礼上作为学员代表发言	北京师范大学	全国小学骨干校长
2016年11月8日至15日	严玲珍校长参加名师、名校长教育与管理高端培训班	上海复旦大学	严玲珍
2016年11月18日	中山市名师名校长专题报告会（第二期）	石岐中心小学	全体工作室人员
2016年11月18日	南头镇将军小学展示教研活动	将军小学	全体工作室人员及学校骨干教师
2016年11月22日	《提升小学校长课程开发领导力的实践研究——以中山9所小学为例》开题	中山市教师进修学院	专家组及工作室成员
2016年11月21日至27日	课程开发展示活动：东凤镇同安小学举行画展	东凤镇文体中心一楼展厅	工作室成员、学校美术老师
2016年11月23日至30日	《创设特色课程培育学生道德素养的行动研究——以跆拳道运动为例》申报2017年度广东省学校德育科研课题	将军小学	严玲珍 吴伟刚
2016年12月2日	中山市教师进修学院邀请华东师范大学的刘莉莉教授为课题进行诊断	中山市教师进修学院	严玲珍等
2016年12月3日	周锦连校长作《如何做研究型校长》的讲座	石岐中心小学	工作室成员及中山市名师名校长联谊会成员
2016年12月15日至2017年1月10日	筹备关于"校长领导力"的论坛		周锦连、周立胜等
2016年12月15日至2017年1月10日	课题小结		全体工作室人员

广东省教育科学"十三五"规划2017年度中小学教师教育科研能力提升计划重点项目（课题编号2017ZQJK022）
《提升小学校长课程开发领导力的实践研究——以中山9所小学为例》工作纪要表（2017—2018）

时间	活动内容	地点	参加人员
2017年1月	共读《校长如何提升课程领导力》并撰写读书笔记		全体工作室人员
2017年3月	制订子课题研究思路、实践方案	子课题研究学校	全体工作室人员
2017年3月	编写课题问卷		周锦连 李培新 孙宁等
2017年3月6日至10日	接收广州市卓越中小学校长促进工程培养对象跟岗学习，周锦连校长主讲介绍课题《提升小学校长课程开发领导力的实践研究——以中山9所小学为例》	开发区第一小学	周锦连
2017年3月27日至31日	接收番禺区2016年小学校长任职资格培训班学员跟岗学习，周锦连校长主讲介绍课题《提升小学校长课程开发领导力的实践研究——以中山9所小学为例》	开发区第一小学	周锦连
2017年3月27日	开发区第一小学与翠亨小学进行班会课程工作交流	翠亨小学	周锦连 陈莉等
2017年3月29日	开发区第一小学与朗晴小学进行家庭教育课程开发交流	开发区第一小学	
2017年4月13日	开发区第四小学校园文化课程开放日	开发区第四小学	周锦连 谢志斌等
2017年4月18日	到北京师范大学珠海分校论证课题问卷	北京师范大学珠海分校	周锦连 李培新 孙宁
2017年4月21日	承担"开发区2017年教师的职业自觉与专业化发展培训"活动	开发区第一小学	全体工作室人员
2017年5月25日	开发区第四小学校园文化课程展示	开发区第四小学	周锦连 谢志斌等
2017年5月中旬	课题问卷第一期小结会	北京师范大学珠海分校	全体工作室人员

（续上表）

时间	活动内容	地点	参加人员
2017年5月	名校长工作室专刊组稿		全体工作室人员
2017年5月	参加中山市2017年度学术论文评选	中山市中小学校	全体工作室人员
2017年5月	参加广东省优秀德育科研成果评选	中山市中小学校	全体工作室人员
2017年5月	工作室阵地建设及宣传	开发区第一小学	周锦连
2017年5月	开展与西藏林芝市工布江达县学校结对帮扶工作前期联系	开发区第一小学	周锦连
2017年5月至7月	发放课题调查问卷，回收800份教师问卷、120份校长问卷		全体工作室人员
2017年5月至6月	共读《学校课程新样态》并撰写读书笔记		全体工作室人员
2017年6月14日	接收中山市校长岗培班成员到校调研，为中山市第十五期小学校长任职资格培训班提供课程	中共中山市委党校	周锦连
2017年6月26日	到古镇镇古一小学、古二小学调研课程开发情况	古一小学、古二小学	周锦连 李培新 邱 波
2017年6月	准备资料，迎接中山市名校长管理办公室考核	开发区第一小学	全体工作室人员
2017年6月	完成名校长工作室的专刊组稿工作	中山市中小学校	周锦连 严玲珍等
2017年7月7日	第三届名校长工作室年度考核	中山市教师进修学院	全体工作室人员
2017年7月13日至19日	到浙江大学学习，在培训班上作经验交流	浙江大学	周锦连 严玲珍等
2017年7月	分析课题调查问卷，初步撰写分析报告	中山市中小学校	周锦连 李培新 孙宁
2017年8月17日至21日	赴西藏林芝市工布江达进行"10＋10"帮扶调研活动	西藏	周锦连 刘爱红等

（续上表）

时间	活动内容	地点	参加人员
2017年9月13日	民安小学校际课改交流活动	民安小学	全体工作室人员
2017年9月26日	中山市教师进修学院主办《教师教育》，刊登本工作室总结及相片		周锦连
2017年11月3日	参观珠海容闳学校，交流学习课程建设经验	珠海容闳学校	全体工作室人员
2017年11月3日	分析问卷《校长课程领导力专题研究》	北京师范大学珠海分校	全体工作室人员
2017年11月12日至17日	参加中小学骨干校长高级研修班	江苏教育学院	周锦连、严玲珍等
2017年12月2日至9日	云南校长跟岗学习，周锦连校长主讲介绍课题《提升小学校长课程开发领导力的实践研究——以中山9所小学为例》	中山市教育和体育局、开发区第一小学	云南跟岗校长及部分工作室成员
2017年11月至12月	修改课题调查问卷分析报告	中山市中小学校	全体工作室人员
2017年12月17日	周锦连校长主持中山市名师名校长提升课程领导力主题论坛	中共中山市委党校	全体工作室人员
2017年12月17日	吴永军教授作报告《校长课程领导力再辨析》	中共中山市委党校	全体工作室人员
2017年12月23日	主题为"新时代基础教育深化改革的价值选择"的学术交流活动	中山市实验小学	全体工作室人员
2017年12月20日至21日	"中山—林芝"中小学校长课程领导力培训	中山市教育和体育局、开发区第一小学	部分工作室成员及林芝市中小学校长
2018年1月	课题组总结会议，拟定2019年工作计划	开发区第一小学	全体工作室人员

广东省教育科学"十三五"规划2017年度中小学教师教育科研能力提升计划重点项目（课题编号2017ZQJK022）

《提升小学校长课程开发领导力的实践研究——以中山9所小学为例》工作纪要表（2018—2019）

时间	活动内容	地点	参加人员
2018年9月5日	周锦连校长到南朗进行新教师培训讲座	南朗镇政府会议室	南朗全体新教师及全体工作室人员
2018年10月14日至20日	周锦连校长赴北京参加省市名教师名校长名班主任研修活动	北京	省市名教师、名校长、名班主任等
2018年10月25日	开发区中心小学教学节暨教学开放日活动	开发区中心小学	全体工作室人员
2018年11月1日	布置《提升小学校长课程开发领导力的实践研究——以中山9所小学为例》第三阶段任务：汇编研究个案集及论文集	中山市中小学校	全体工作室人员
2018年11月13日	南头镇民安小学举办省级重点课题成果展	民安小学	全体工作室人员
2018年12月1日	中山市名师名校长教育思想力主题论坛	中共中山市委党校	全体工作室人员
2019年1月10日	西藏中小学校长参观博凯小学，与中山市校长进行教育思想交流	博凯小学、开发区第一小学	周锦连、刘爱红等
2019年1月5日至15日	收集工作室人员所在学校的工作亮点、后测调查问卷	中山市中小学校	全体工作室人员

小学校长课程领导力的现状调查问卷（小学教师卷）

尊敬的老师，您好！

我们是中山市重点课题《提升小学校长课程开发领导力的实践研究》研究团队，正在进行一项关于小学校长课程领导力现状的调查，希望得到您的配合。填答整份问卷大约会占用您30分钟。本调查采用无记名方式，所有调查内容将会严格保密，不会给您带来任何不利影响。为确保调查结果真实有效，请您根据自己的情况如实作答。您的支持对本课题的完成意义重大，非常感谢您的参与！

如果您同意参加本次调查，请在"同意"的方框里打勾（√）。

1. 同意□

2. 不同意□

基本信息：

1. 性别：□男　□女

2. 年龄：□30岁以下　□31—40岁　□41—45岁　□45—50岁□50岁以上

3. 学历：□大专　□本科　□硕士以上

4. 任职年限：□5年（含）以下　□6—10年　□11—15年　□16年（含）以上

5. 任教学科：□语文　□数学　□英语　□小五门科　□其他

6. 所教年级：□一年级　□二年级　□三年级　□四年级　□五年级
□六年级

7. 职务：□普通教师　□级组长、备课组长、科组长　□学校行政

8. 贵校类型（在均衡教育实施前）：□普通小学　□中山市一级小学
□广东省一级小学

9. 学校性质：□民办　□公办

10. 您的职称：□小学副高级以上　□小学一级教师　□小学二级教师
□小学二级教师以下

问卷填写说明（请仔细阅读）

请您根据以下描述，对你所熟悉的正校长课程领导力进行判断，并在最符合实际的选项上打勾（√）。

4＝非常符合；　3＝比较符合；　2＝不确定；　1＝不太符合；　0＝非常不符合。

第一部分　等级评判（请根据实际情况认真作答）

1.熟知课程理论知识，了解国内外课程改革的趋势。	4 3 2 1 0
2.将课程改革视为校长工作的核心部分，从课程管理走向课程引领，从行政管理者角色走向专业引领者角色。	4 3 2 1 0
3.学校有明确的办学理念及育人目标，面向全体学生。	4 3 2 1 0
4.课程改革与办学理念、育人目标紧密相联。	4 3 2 1 0
5.学校发展规划的内容体现课程规划，呈整体性推进趋势；校长是课程规划的设计师，并组建有课程领导团队。	4 3 2 1 0
6.经常组织学校中层、教学骨干学习国家三级课程理论，集体研究符合本校的课程计划。	4 3 2 1 0
7.课程规划考虑了社区条件、学校师资队伍、生源、师生发展愿景等因素。	4 3 2 1 0

（续上表）

8.课程规划考虑到创造性使用国家课程，把国家课程校本化，鼓励老师活用国家课程。	4	3	2	1	0	
9.学校的课程规划没有充分听取师生的意见。	4	3	2	1	0	
10.学校的课程规划落实在每学期计划，确保各类课程比较适当。	4	3	2	1	0	
11.建立教师、家长、社区共同参与课程改革的沟通机制，赢得社会其他部门的配合和支持。	4	3	2	1	0	
12.让每位教师在课程改革中发挥自己优势，重视教师团队建设。	4	3	2	1	0	
13.有充足的学校物力资源（教室、图书馆、教材、教参、教学设备等其他资源）。	4	3	2	1	0	
14.课程建设中没有充分发挥信息技术资源的作用。	4	3	2	1	0	
15.能确保国家课程开齐、开足、规范办学，不挤占小五门科的上课时间，且重视小五门科的教学质量。	4	3	2	1	0	
16.倡导自主、合作、探究的学习方式，鼓励学生团结合作、勇于创新。	4	3	2	1	0	
17.引领教师进行国家课程、地方课程的二度开发，提升课程的内涵和质量。	4	3	2	1	0	
18.能挖掘生活中的教育元素，鼓励师生运用地方资源丰富课程内容、体现课程特色。	4	3	2	1	0	
19.充分研究和开发了教学过程中动态生成的课程资源。	4	3	2	1	0	
20.能采取多种措施开发数量充足的学校课程。	4	3	2	1	0	
21.学校课程符合地方经济与文化特色。	4	3	2	1	0	
22.学校课程符合学生的兴趣需要，受到学生和家长的欢迎。	4	3	2	1	0	
23.学校课程面向全体，普及到每个学生。	4	3	2	1	0	
24.学校课程个性化、多样化、"套餐化"、社团化促进学生的特长发展。	4	3	2	1	0	
25.学校课程的开发符合学生不同发展阶段的培养目标和课程标准，符合学生身心发展规律。	4	3	2	1	0	
26.学校课程的开发具有完整性、系列性、综合性。	4	3	2	1	0	
27.开发学校课程的过程中，没有给学生增加过重的课业负担。	4	3	2	1	0	
28.存在相当数量的少先队课程。	4	3	2	1	0	
29.存在相当数量的体育课程，确保每天一小时的体育锻炼时间。	4	3	2	1	0	
30.存在一定数量的校外综合实践课程。	4	3	2	1	0	
31.组织教师参加系统的课程改革培训。	4	3	2	1	0	
32.重视教学队伍及学校科组的建设、计划、实施、协调、总结等。	4	3	2	1	0	

（续上表）

33.通过教研活动、校本教研促进了课程改革的实施。	4	3	2	1	0
34.重视选好实验班及实验教师,以点带面。	4	3	2	1	0
35.参加科组会议,参加教师备课并起到示范引领课程的作用。	4	3	2	1	0
36.重视宣传、动员学生参与,调动学生的积极性。	4	3	2	1	0
37.校长在上课及教研中扮演着教学研究者的角色,少行政指令,尊重学术自由。	4	3	2	1	0
38.学校采用多样化的课程实施方式,如长短课、连排课、整合课、选修课、社团课、大课、小课等。	4	3	2	1	0
39.学校重视做好课程实施的家长参与工作,争取家长的支持。	4	3	2	1	0
40.校长没有做好聘请专家指导工作。	4	3	2	1	0
41.校长解决了教师在课程实施中遇到的问题。	4	3	2	1	0
42.学校重视做好课程实施中的民意调研工作。	4	3	2	1	0
43.重视建设课程实施的制度,激发师生的热情。	4	3	2	1	0
44.校长积极参与或指导课程评价标准的制订,校长的课程评价起着导向、激励、监控的作用。	4	3	2	1	0
45.学校的课程评价方案的制订有专家参与。	4	3	2	1	0
46.校长的课程评价理念正确,立足过程、促进发展、以人为本。	4	3	2	1	0
47.校长在课程评价时用发展的眼光看问题,不急功近利。	4	3	2	1	0
48.校长在课程评价时将定性和定量的方法相结合。	4	3	2	1	0
49.学校的课程评价尊重民意,充分尊重和听取老师的意见。	4	3	2	1	0
50.校长重视引导课程实施的管理干部做好课程评价,以评促教。	4	3	2	1	0
51.学生参与学校的课程评价。	4	3	2	1	0
52.学生家长参与学校的课程评价。	4	3	2	1	0
53.校长将课程评价的结果及时反馈给老师,作为改进教学的依据。	4	3	2	1	0
54.校长的课程评价有较高的学术指导性、公信力高。	4	3	2	1	0
55.校长的课程评价民主、虚心,师生乐于邀请校长参与评课、评价等。	4	3	2	1	0
56.学校的教师绩效评价体系完善,不以分数为唯一标准,做到全面、完整。	4	3	2	1	0
57.能提炼出本校课程的办学优势与特色,特点鲜明。	4	3	2	1	0
58.本校的课程特色、课程价值观与学校办学理念、办学风格一致。	4	3	2	1	0
59.学校隐性课程的设计体现课程特色、课程价值观。	4	3	2	1	0

（续上表）

60.赢得了主管教育部门、社会、教师、家长对学校办学理念和培养目标的认同。	4	3	2	1	0
61.建设特色课程，对学校整体发展、学生核心素养全面提高起到重要作用，涌现出一批个性特长显著的学生。	4	3	2	1	0
62.从特色课程建设延伸到校园文化建设，如"三风"建设、校训凝练等。	4	3	2	1	0
63.促进教师专业成长，形成了一支具有较强课程开发能力的教学骨干团队。	4	3	2	1	0
64.校长采取多种措施鼓励教师形成科研课题成果、发表论文等。	4	3	2	1	0
65.运用各种媒介宣传学校的课程特色，在省市有影响力。	4	3	2	1	0

第二部分 开放式问题（请根据实际情况认真作答）

1. 您所熟悉的校长在学校课程开发上，哪些方面做得最好？

2. 贵校开发了哪些有用的课程？哪些课程最受师生欢迎？

小学校长课程领导力的现状调查问卷（校长问卷）

尊敬的老师，您好！

我们是中山市重点课题《提升小学校长课程开发领导力的实践研究》研究团队，正在进行一项关于小学校长课程领导力现状的调查，希望得到您的配合。填答整份问卷大约会占用您 30 分钟。本调查采用无记名方式，所有调查内容将会严格保密，不会给您带来任何不利影响。为确保调查结果真实有效，请您根据自己的情况如实作答。您的支持对本课题的完成意义重大，非常感谢您的参与！

如果您同意参加本次调查，请在"同意"的方框里打勾（√）。

1. 同意□

2. 不同意□

基本信息：

1. 性别：□男 □女

2. 年龄：□30 岁以下 □31—40 岁 □41—45 岁 □45—50 岁 □50 岁以上

3. 学历：□大专 □本科 □硕士以上

4. 任校级领导年限：□5 年（含）以下 □6—10 年 □11—15 年 □16 年（含）以上

5. 您的学科背景：□语文 □数学 □英语 □小五门科 □其他

6.贵校类型（在均衡教育实施前）：□ 普通小学　□ 中山市一级小学 □ 广东省一级小学

7.学校性质：□ 民办　□ 公办

8.您的职称：□ 小学副高级以上　□ 小学一级教师　□ 小学二级教师 □ 小学二级教师以下

9.您的职级：□ 初级校长　□ 中级校长　□ 高级校长

问卷填写说明（请仔细阅读）

请您根据自己的实际情况，针对以下描述在最符合实际的选项上打勾 （√）。

4＝非常符合；　3＝比较符合；　2＝不确定；　1＝不太符合；　0＝ 非常不符合。

第一部分　等级评判（请根据实际情况认真作答）

一、课程规划						
1.不断学习和更新课程与教学理论知识，追踪国内外课程改革的动态。	4	3	2	1	0
2.透彻理解我国课程的三级管理政策，在传达国家的课程文件精神时能体现自己的思考和解读。	4	3	2	1	0
3.从课程管理走向课程引领，在课程与教学方面能担当起指导者的角色。	4	3	2	1	0
4.有明确的办学理念和育人目标，并形成了学校特色。	4	3	2	1	0
5.学校的课程规划以发展学生核心素养为核心。	4	3	2	1	0
6.学校发展规划的内容体现课程规划，呈整体性推进趋势。	4	3	2	1	0
7.经常组织学校中层、教学骨干学习国家三级课程理论，集体研究符合本校的课程计划。学校的课程规划落实在每学期计划。	4	3	2	1	0
8.课程规划考虑了社区条件、学校师资队伍、生源、师生发展愿景等因素。	4	3	2	1	0

（续上表）

9.学校的课程规划没有充分听取师生的意见。	4	3	2	1	0
二、课程开发					
1.建立教师、家长、社区共同参与课程改革的沟通机制，赢得社会其他部门的配合和支持。	4	3	2	1	0
2.能让每位教师在课程改革中发挥主动性和创造性。	4	3	2	1	0
3.课程建设有充足的学校物力资源（教室、图书馆、教材、教参、教学设备等其他资源）作保障。	4	3	2	1	0
4.课程建设中没有充分发挥信息技术资源的作用。	4	3	2	1	0
5.能确保国家课程开齐、开足、规范办学，保证小五门科的数量和质量；有相当数量的少先队课程、体育课程、校外综合实践课程。	4	3	2	1	0
6.引领教师进行国家课程、地方课程的二度开发，挖掘课程的内涵，提升课程质量。	4	3	2	1	0
7.开发了数量充足的学校课程，面向全体学生。	4	3	2	1	0
8.学校课程符合地方经济与文化特色，并体现个性化、多样化、"套餐化"、社团化，促进学生特长发展。	4	3	2	1	0
9.学校课程的开发符合学生不同发展阶段的培养目标和课程标准，符合学生身心发展规律，没有增加过重的学习负担。	4	3	2	1	0
三、课程实施					
1.校长关怀教师的专业发展，更新他们的教育教学观念。	4	3	2	1	0
2.重视教学队伍建设及学校科组的建设。	4	3	2	1	0
3.通过教研活动、校本教研促进了课程改革的实施。	4	3	2	1	0
4.参加科组会议，参加教师备课并起到示范引领课程的作用，帮助解决课程实施中遇到的问题。	4	3	2	1	0
5.重视选好实验班及实验教师，以点带面。	4	3	2	1	0
6.学校采用多样化的课程实施方式，如长短课、连排课、整合课、选修课、社团课、大课、小课等。	4	3	2	1	0
7.引导教师关注学生学习的过程与方法，提高学生学习的自主性。	4	3	2	1	0
8.在课程实施中争取家长配合，聘请专家指导，重视民意调研工作。	4	3	2	1	0
9.重视建设课程实施的制度，激发师生的热情。	4	3	2	1	0
四、课程评价					
1.校长指导和参与课程评价标准的制订，充分发挥评价的导向、激励、调控作用。	4	3	2	1	0
2.学校课程评价方案的制订没有专家参与。	4	3	2	1	0
3.课程评价着眼于发展，以人为本，不急功近利。	4	3	2	1	0

（续上表）

4.采用多元评价体系，鼓励学生个性化发展。	4	3	2	1	0
5.课程评价采取定性和定量相结合的方式。	4	3	2	1	0
6.学校的课程评价来源多样，充分听取了管理干部、教师、家长、学生的意见。	4	3	2	1	0
7.校长的课程评价有较高的学术指导性、公信力高。	4	3	2	1	0
8.学校的教师绩效评价体系完善，不以分数为唯一标准，做到全面、完整。	4	3	2	1	0
9.校长将课程评价的结果及时反馈给老师，以评促教。	4	3	2	1	0
五、课程文化					
1.面向全体学生进行特色课程建设。	4	3	2	1	0
2.形成带有鲜明学校特色的传统课程。	4	3	2	1	0
3.课程体系体现了学校的课程价值观、办学理念、办学风格与特色。	4	3	2	1	0
4.特色课程赢得了主管教育部门、教师、家长、及社会的认同。	4	3	2	1	0
5.建设特色课程，对学校整体发展、学生核心素养全面提高起到重要作用，涌现出一批个性特长显著的学生。	4	3	2	1	0
6.学校隐性课程的设计体现课程特色、课程价值观。	4	3	2	1	0
7.从特色课程建设延伸到校园文化建设，如"三风"建设、校训凝练等。	4	3	2	1	0
8.课程改革成果获得了市级以上奖励，学校或校长的课改经验得到推广。	4	3	2	1	0
9.校长采取多种措施鼓励教师形成科研成果、发表论文，"三名工程建设"成果显著。	4	3	2	1	0

第二部分 开放式问题：

1.贵校的办学理念是什么？围绕办学理念，您在学校课程开发方面做了哪些工作？

2. 贵校开发了哪些课程？在课程实施中发现了哪些问题？您为教师提供了什么帮助？

3. 贵校开发的课程，对贵校特色、品牌建设有何深远影响？

4. 关于校长课程领导力的提升，您希望得到哪些帮助和支持？

后 记

　　课程开发是实现新一轮课程改革的重要路径，是响应"大众创业、万众创新"国家发展战略的具体体现，必将改变教师"传道、授业、解惑"的传统角色，教师不再只是传授知识的劳动者，而是有自身价值的、能够适应"互联网＋教育"时代发展趋势的专业创造者。

　　课程是学校的核心产品与核心竞争力，开发课程就是开发学校的品牌、开发学校的未来。学校之间的差距不是考试分数的差距，而是课程的差距，而课程的差距集中反映在校长的课程领导力差距上。一名校长必须掌握良好的课程开发能力、设计能力和管理能力。

　　发展适应课程改革需要的课程领导力，是小学校长提升专业素养的必备要求。当前，不同学校校长的课程领导力差异较为明显，各位校长需要结合学校实际情况，把提升课程开发领导力作为提高课程领导力的首要突破口和重要抓手，作为提升专业素养的重要支点。

　　校长要引领教师创新课程，带领教师丰富国家课程，建设学生需要的学校课程；处理好三级课程关系，处理好国家课程标准与个性化课程的关系，处理好国家课程标准与学生需求、地方发展需要的关系，处理好建设校本课程与实现学生轻负荷、高质量发展的关系。

　　回顾过去三年，我们做到以下几点。

　　一、认真收集课题资料，寻找理论依据；拟定研究方案，梳理研究思路；撰写开题报告书，深入走访调查。初步拟订方案后，我们继续反复论证修改，向诸多专家学者虚心请教，最终达成共识，明确课题的研究步骤和发展规划等，提高了课题研究的可行性。

二、充分尊重课题组成员的研究意愿，由他们自主申报子课题，明确任务及分工。确立的子课题有《小学校长课程开发领导力的现状调查分析》（主要负责人孙宁、李培新），《探究小学校长课程开发领导力核心素养的内涵》《探究提高小学校长课程开发领导力的策略》（主要负责人黄炎有、严玲珍、吴伟刚、邱波），《探究提高小学校长学校课程开发领导力核心素养内涵及策略》（主要负责人陈敏华、谢志彬）。

三、成立专家组跟进、指导。课题专家组成员包括中山市教师进修学院的高科院长、周立胜主任，中山市教育教学研究室的陈春艳主任、兰岚老师，北京师范大学珠海分校的王维荣教授、武晓伟副教授等。

四、申请专项资金支持。本课题得到广东省教育科学规划课题（提升小学校长课程开发领导力的实践研究＋2017ZQJK022）的专项资金支持，得到中山市名教师名校长工作室的专项资金支持，得到参与实验的九所学校及所在镇区的经费支持。

五、《中山市名教师名校长工作室建设及管理办法（试行）》（中教〔2009〕142号）规定，名教师名校长工作室承担有关学校管理或校长培养的课题研究，并指导工作室成员开展课题研究。本课题以名校长周锦连工作室为载体，工作室主持人与成员签订《名校长工作室成员之间相互合作、共同提高协议书》，在工作室项目研究和成员专业化成长方面制订周期发展目标，规定双方职责、权利及评价办法，并接受中山市名校长工作室管理办公室的年度考核及周期检查考核。

本书能够顺利完成，离不开各方的大力支持。在此，我谨代表课题组全体成员，向广东省教育厅、中山市名校长工作室管理办公室、中山市教育和体育局、中山市教师进修学院、广东人民出版社中山出版有限公司、参与课题实验的九所学校，以及所有参与调研的校长、老师表示衷心的感谢。另特别感谢课题秘书付丽老师。

由于时间仓促和编者水平有限，本书难免存在一些疏漏和不足，敬请读者批评指正！

周锦连

2019 年 9 月 22 日